Goldmann SCIENCE FICTION
Band 0164

Brian N. Ball · Die Nacht der Roboter

Von Brian N. Ball
ist außerdem erschienen:

Im Zeitbrennpunkt. 0117

BRIAN N. BALL

Die Nacht der Roboter

THE NIGHT OF THE ROBOTS

Utopisch-technischer Roman

WILHELM GOLDMANN VERLAG
MÜNCHEN

Ungekürzte Ausgabe · Made in Germany
 Umschlag: Morris Scott Dollens. Gesetzt aus der Linotype-Garamond-Antiqua. Druck: Presse-Druck Augsburg. WTB 0164 · Sch/Hu
ISBN 3-442-23164-7

I

Eine trübe, gelbe Sonne schimmerte für Augenblicke im Raum, der noch vom unheimlichen Tanz der Hyperkuben erzitterte.

»Ich weiß nicht, warum Sie sich die Mühe machen«, sagte Mrs. Zulkifar. »Eine Sonne ist doch wie die andere. Die hier hat überhaupt nichts Besonderes an sich. Ich glaube nicht, daß ich das Schiff überhaupt verlasse.«

Khalia lächelte höflich. »Wahrscheinlich haben Sie recht«, meinte sie.

Aber sie blickte trotzdem in die Leere hinaus, wartete auf den Augenblick des Übergangs von dem fremdartigen Phasenphänomen, wenn sich das Raumschiff aus den Schlingen der unwirklichen Dimensionen befreien und in eine stabile Raum-Zeit-Struktur gleiten würde.

Sie wollte die Sonne sehen. *Die* Sonne. Und die Erde.

Korridore ungeheurer Energie rotierten vor ihr. Sekundenlang gab es eine unfaßbare Leere, während das Schiff pulsierte.

»Nein«, sagte Mrs. Zulkifar. »Ich glaube nicht, daß ich noch einem Ausflug gewachsen bin.«

»Unsinn!« sagte Brigadier Wardle jovial. »Sie müssen mich begleiten – ich verspreche Ihnen, Sie werden nicht enttäuscht sein! Großartige Ruinen, da unten! Die Erde dürfen Sie nicht verpassen!«

Mrs. Zulkifar schüttelte ihren hübschen Kopf.

»Vielleicht mache ich bei einem anderen Ausflug mit«, sagte sie. »Aber ein ganzer Tag im Freien ist einfach zuviel für mich, Brigadier.«

Sie plauderten weiter miteinander; Wardle setzte der attraktiven Witwe mit einer Begeisterung nach, die während des ersten Teils der langen Reise komisch gewesen war. Jetzt langweilte es Khalia.

Sie wollte den Planeten sehen.

Das gesamte Schiff wurde von unangenehmen Energiequellen durchlaufen. Die scharfen Winkel von Wänden und Sitzen verschwammen für einen winzigen Zeitbruchteil. Der Augenblick des Übergangs vom Hyperraum in begreifbare Dimensionen war vorüber.

Khalia schaute sich um.

Das Schiff schwebte ruhig vor einem Gürtel aus Asteroiden. Die Passagiere konnten einander ansehen und brauchten keine geheime Furcht vor den Abgründen zwischen den Stellarsystemen zu verbergen. Sie konnten die schützenden Liegen verlassen, den beruhigend soliden Planeten betrachten und wußten, daß sie ohne Schwierigkeiten zu landen vermochten, wenn sie es wünschten.

Raum und Zeit waren beiseite geschoben worden, damit die Reisenden ihrem Reiseprogramm einen weiteren Ausflug hinzufügen konnten. Der Galaktischen Zentrale ging nie ein Schiff verloren.

Plötzlich schwankte das Schiff. Mrs. Zulkifar schrie auf.

»Was zum Teufel –«, begann Wardle.

»Dies ist kein Notfall!« erklärte sofort eine ruhige, metallische Stimme. »Ihr Captain bittet für den Zwischenfall um Entschuldigung. Eine kleine Kurskorrektur war erforderlich, um einem Schiff in nächster Nähe auszuweichen. Es besteht kein Anlaß zur Besorgnis. Danke.«

»Das ist die Höhe!« klagte Mrs. Zulkifar. »Außerdem dachte ich, es gibt keinen Kapitän.«

Der pensionierte Offizier gab mit Vergnügen Auskunft.

»Den gibt es auch nicht mehr, meine liebe – äh – Emma! Das ist eine höfliche Fiktion – ebenso wie das Bemühen, so zu tun, als sei die Nahrung aus echtem Getreide, Gemüse und aus echtem Fleisch. Die Galaktische Zentrale hat schon seit zweihundert Jahren kein Raumschiff mit Besatzung mehr verwendet! Weshalb auch?«

»Was hat ein anderes Schiff hier zu suchen?« erkundigte sich die schlanke, elegant gekleidete Frau. »Ich dachte, der ganze Planet sei verlassen.«

»Nicht ganz«, meinte Wardle und funkelte mit den Augen. »Was war das für ein Schiff?« fragte er den Humanoiden, der Getränke servierte.

»Der Captain glaubt, es sei ein privates Schiff gewesen, Sir«, erwiderte der Automat. »Auf Signale hat es nicht geantwortet. Natürlich könnte es sich um das Versorgungsschiff des berühmten Doktor Dross handeln – des Archäologen, wissen Sie, Sir.«

»Ich weiß«, sagte Wardle.

»Selbstverständlich, Sir! Vielleicht verrät Doktor Dross Anzeichen seines exzentrischen Charakters. Vielleicht hat er uns absichtlich angeflogen.«

»Warum?« fragte Khalia.

»Der Doktor verabscheut Besucher«, erläuterte der Roboter. »Aber lassen Sie sich dadurch nicht vom Besuch der berühmten

Ruinen abbringen, Miss. Der Doktor ist durch seinen Vertrag mit der Galaktischen Zentrale verpflichtet, unseren Passagieren als Gastgeber zu dienen.«

Der Roboter äußerte sich mit einer Befriedigung, die Khalia als abstoßend empfand. Er lachte in sich hinein. Khalia hatte seine armseligen Witzchen fast durch die ganze Galaxis ertragen müssen.

Wardle dozierte: »Es muß fehlerhaft gesteuert worden sein, wenn wir gezwungen waren auszuweichen. Ich stelle mir ungern vor, daß hier irgendein Nichtskönner herumdöste, als wir gerade aus der Phase austraten.«

»Der Captain sagte, wir brauchen uns keine Sorgen zu machen«, sagte Mrs. Zulkifar entschieden. »Er muß es ja wissen.«

»Verflixt noch mal, es gibt keinen Captain«, knurrte Wardle.

Mrs. Zulkifar würdigte ihn keiner Antwort.

»Die Roboter übernehmen sich noch mal!« fügte er hinzu, aber es hörte ihm niemand mehr zu.

Khalia blickte durch die Skope auf den grünen Planeten. Es würde nicht lange dauern, bis das große Touristenschiff seine Flotte von Ausflugsbooten zu den verschiedenen örtlichen Attraktionen ausschicken würde.

Khalia wollte der Erde einen Besuch abstatten.

Sie war so aufgeregt wie noch nie. Ihr Gesicht wirkte ruhig, aber innerlich bebte sie vor Eifer. Die lange Fahrt durch die Galaxis war ganz interessant gewesen. Es hatte eine Folge von oft verwirrenden neuen Eindrücken gegeben, aber nichts hatte sie so sehr erregt wie der Gedanke an den uralten Planeten, der grün um seine rötlich- gelbe Sonne schwebte. Noch gab es nicht viel zu sehen.

Der Ausflug würde wahrscheinlich eine Enttäuschung bringen. Den Reiseführern zufolge war der größte Teil der Landoberfläche unzugänglich. Die tiefreichende Strahlung des Dritten Jahrtausends und seiner Irren Kriege fraß sich noch immer in die Erdkruste. Nichts wuchs auf den Zwillingskontinenten, die den Globus umspannten, und die südliche Landmasse war eine schrecklichere Wüste als zur Zeit der Erfindung der Raumfahrt durch die Menschheit. Teile des ehemaligen Europa waren grün geblieben.

Die Skope begannen endlich Einzelheiten darzustellen. Wälder und Seen unter dahinziehenden weißen Wolken grüßten freundlich. Hier und dort stießen die Überreste einer Turmstadt durch die Wolken, noch von dünnen Stelzen getragen. Eine blaue Stadt, die wie eine Nadel in Wolle den weißen Dunst teilte, erregte Khalias

Aufmerksamkeit. Würde die Stadt auf dem Reiseprogramm stehen? Nein.

Dann wurde die Stadt von einem tobenden Sturm verborgen, und Khalia schaltete das Skop weiter. Bevor es ein neues Bild übertrug, sah sie ein winziges Schiff wie einen Fisch zwischen den Wolken schweben. Und ein zweites.

»Da waren zwei Schiffe!« rief sie.

»Was?« fragte der Brigadier energisch.

»Ich habe sie gesehen – zwei Schiffe! Ich habe weitergeschaltet. Jetzt finde ich sie nicht mehr.«

»Kann nicht sein!« sagte Wardle fröhlich. »Eines, ja. Nicht zwei. Vielleicht haben Sie dasselbe Schiff zweimal gesehen. Eine optische Täuschung. Nachwirkung auf die Netzhaut.«

»Vielleicht«, sagte das Mädchen.

Wardle hörte den unbefriedigten Unterton.

»Das kann einfach nicht sein!« fuhr er fort. »Ein Schiff, ja – das wäre Doktor Dross' Schiff. Von Zeit zu Zeit braucht er Nachschub von der Zentrale. Aber es gibt keinen Grund dafür, daß ein zweites Schiff hier sein sollte. Kein richtiges jedenfalls; nicht diese Art von Schiff. Die Grabungsstätte da unten ist die einzige offizielle Siedlung.« Er machte eine Pause. »Natürlich wird es ein paar Vagabunden geben. Exzentriker. Leute, die vor Jahren hier absichtlich gestrandet sind. Personen, die aus einer Gefühlsregung heraus auf der Erde leben.«

»Es spielt keine Rolle«, sagte Khalia. Sie war zu glücklich, um sich über seine Herablassung zu ärgern.

Er begann über den Planeten zu sprechen, anfangs ganz interessant. Er wußte erstaunlich viel über den ältesten aller bekannten Planeten. Er verdarb sich die Wirkung, indem er dem Kreis weiblicher Zuhörer mit seinem Wissen über die Theorien vom Ursprung menschlichen Lebens imponieren wollte. Khalia zog sich zurück, als er mit der vertrauten Aufzählung anfing. Die Legenden einer Besiedelung durch extraterrestrische Wesen waren langweilig.

Als das Schiff aber aus dem seltsamen und erschreckenden Phänomen mit dem Namen ›Phase‹ getreten war, hatte Khalia eine unglaubliche Erregung verspürt. Wäre sie fähig gewesen, sich selbst zu sehen, sie hätte sich der geröteten Wangen, der weitaufgerissenen Augen und des heftigen Pulses ihrer Halsschlagader geschämt. Sie war im Augenblick der Offenbarung völlig versunken gewesen. Von Langeweile keine Rede.

Sie sah aus, wie sie war: eine junge Frau, die voller Staunen über

Gefühle war, deren Vorhandensein sie nicht erahnt hatte. Sie spürte das Rätsel der uralten, rotierenden Erdkugel, und es bewegte sie auf eigenartige Weise.

Mrs. Zulkifar sagte etwas Ätzendes zu Wardle. Die ältere Frau betrachtete Khalias schlanken, aber wohlgeformten Körper mit Mißbilligung. Khalia wußte, daß sie von ihr sprach.

». . . stellt sich zur Schau . . .«, hörte sie.

Khalia zog den kurzen Rock herunter. Weshalb war Mrs. Zulkifar eigentlich so bösartig? Khalia hoffte, daß sie den Ausflug zur Erde nicht mitmachen würde.

»Und ich habe doch zwei Schiffe gesehen«, sagte sie, aber ganz leise für sich.

Als Danecki mit seinem Schiff die von dem riesigen Kreuzer erzeugten Wirbel durchflog, wurde ihm klar, daß er vielleicht doch eine Chance hatte. Die beiden jungen Männer mit den frischen Gesichtern, die ihr Raumboot mit verächtlicher Leichtigkeit in die Dimensionsstürme des Hyperraums gejagt hatten, mochten unter Umständen verwirrt sein. Sie hatten ihn verfolgt, durch die Labyrinthe der Kontinua sich drehend, windend, sinkend, stets in der Lage, seine Spur wieder aufzunehmen.

Warum auch nicht? dachte Danecki grimmig. Sie besaßen das bessere Schiff, die empfindlicheren Sensoren, die größeren Bildschirme. Und den Stachel der Empörung. Nicht einmal die vielen Jahre mühsam erworbener Erfahrung in den geheimnisvollen Wüsten zwischen den Planeten seines Heimatsystems würden ihn retten, denn in der Endabrechnung sprach alles gegen ihn.

Danecki hatte sich diesen wenig besuchten kleinen Sektor ausgesucht, weil er fast am äußersten Rand der Galaxis lag. Hier mochten sich die unerfahrenen jungen Leute im Gewirr der Sternsysteme verirren.

Zweimal hatte er sein kleines Schiff, das dem Missetäter üblicherweise zugestandene robuste Gefährt, aus der Phase gerissen. Aber sie waren ihm gefolgt. Beim zweitenmal hatte eine plötzliche Konsolidierung des Glanzes die Hilfsantriebssysteme weggerissen, alles bis auf den Hauptantrieb. Jedes Versagen außer Reichweite eines Planeten mit atemberaubender Atmosphäre bedeutete den Tod.

Alles, was ihm von der umfangreichen Notausrüstung des Schiffes geblieben war, war eine Energie-Gleit-Kapsel primitivster Art. Er hatte von Hand stundenlang improvisiert und verzweifelt mit den Konsolen gekämpft, damit sie nicht ausfielen. Die Raum-Zeit-Einheit des Sektors zu erreichen, zu dem Sol gehörte, war das Äußerste, das sein Schiff noch leistete.

Das große Schiff trat in dem Augenblick aus dem Hyperraum, als sein eigenes kleines Raumfahrzeug aus dem Phasenphänomen sprang. Einen Augenblick lang hatte er geglaubt, es sei das verfolgende Schiff, aber dafür war es viel zu mächtig. Nur Schiffe von der Zentrale besaßen den gewaltigen Antrieb, der sein Fahrzeug weggeschleudert hatte.

Welche Schiffe besuchten diesen Sektor?

Seine bewohnbaren Planeten waren vor tausend Jahren verseucht worden. Außer der Erde!

»Touristen!« murmelte Danecki. »Ein Touristenschiff!«

Die jungen Männer würden verwirrt sein. Sie würden ihr Schiff wie ein Jagdtier in den fremden Peripherien des Hyperraums halten; die Sensoren mußten vom Strudel des vorbeifauchenden Riesenschiffs betäubt sein. Aber wie lange?

Er sah eine zerstörte Stadt unter sich. Im nächsten Augenblick ließ ihn das Schrillen der Warnanlagen an die Steuerung taumeln.

»Touristen?« fragte er laut.

Der Roboter antwortete prompt.

»Ja, Danecki. Das ist die Erde. Sie wird regelmäßig von Touristenschiffen besucht. Bestimmte Gebiete sind strahlungsfrei. Wir sollten uns entschließen, Danecki. Das Schiff wird heiß. Die Abschirmung hat nur eine Wirksamkeit von drei Prozent.«

»Zur Erde?«

»Sie haben die nächste atembare Atmosphäre verlangt, Danecki.«

»Und das ist sie?«

»Ja.«

»Was ist da unten?«

»Die meisten Landgebiete sind ohne Strahlungsschutzanzug nicht zugänglich.«

»Und den habe ich nicht.«

»Den kann das Schiff nicht liefern.«

»Die Jacobis?«

»Beim Phasenausbruch, Danecki.«

»Antrieb!«

Über den Ruinen einer Stadt, die auf den noch immer aktiven Stelzen von Kraftfeldern schwebte, hing das Schiff sekundenlang schwärzlich, zuckte dann durch den Sonnenaufgang und hinaus über eine hohe Wolkendecke. Das Verfolgerschiff sprengte das Gitter des dimensionalen Käfigs, der es im Hyperraum schützte.

»Da!« rief Danecki.

Der Situationsplan zeigte eine ungefährliche Landmasse. Auf dem Bildschirm schimmerte keine heftige Radioaktivität. Das Schiff gehorchte und stürzte durch die Wolken hinab auf ein Gebiet, wo einst die Ebenen von Kent gewesen waren. Danecki sah sich im glatten Metall der Schiffswand. Unrasiert. Die Augen tief in den schon von Natur aus tiefen Höhlen. Er sah aus wie ein Verbrecher, ein Gejagter, der für die Letzten des Jacobi-Clans ein *Ding* geworden war. Er traf seine Vorbereitungen. Im Grund gab es nichts zu entscheiden.

Er programmierte bereits eine Reihe von Anweisungen in die Handsteuerung ein. Er konnte nicht darauf vertrauen, daß die Robotanlage seinen Befehlen nachkommen würde. Die Jacobis waren nah – vielleicht beobachteten sie ihn schon jetzt, obwohl er glaubte, daß sie noch einer der tausend falschen, von den Schockwellen des großen Schiffes erzeugten Fährten folgten.

Der Roboter meldete sich.

»Anweisungen, Danecki?«

»Selbstvernichtung.«

Der Metallkegel gab einen Brummlaut von sich, dann entströmte ihm dünner Rauch.

Danecki schulterte die schwere Kapsel und ging zur großen Schleuse. Hinter ihm zerfloß der Steuerroboter zu glühendem Metall. Als sich die Geschwindigkeit des Schiffes plötzlich verminderte, öffnete Danecki die Luke. Er schaute durch die Wolken hinunter. Dort, wo es für die Menschheit begonnen hatte, sollte alles enden.

»Eine Hetzjagd!« sagte Danecki laut.

Die Kapsel überschlug sich mit ihm zwanzigmal, bevor er heraushatte, wie man sie lenken mußte. Als er sich fünfzig Meter über dem Boden befand, schaltete er den Antrieb ein.

Der Bremsvorgang schüttelte ihn durch. Er versuchte das Schiff zu erkennen, aber die Wolken hatten sich längst geschlossen.

Vor einem Jahr hätte ich das noch nicht gekonnt, dachte Danecki. Jetzt denke ich wie ein Tier. Ich brauche Nahrung. Dekkung. Eine Waffe. Dann kann ich die letzten beiden Jacobi töten und – und was dann?

»Doktor Dross, das können Sie nicht tun! Verdammt noch mal,

Doktor, Sie haben es nicht mit vermoderten Leichentüchern oder rostigen Eisenstücken aus dem Dampfzeitalter zu tun! Das ist hochentwickelte Maschinerie! Legen Sie das weg!«

Dross sah den Sprecher blinzelnd an. Er preßte seinen großen Bauch an ein besonders interessantes Stück Roboterarchitektur der Dritten Konföderation. Er hatte die Hülse in der Hand. Er war bemüht gewesen, das flache Humanoidengesicht zu entfernen, damit er den Gehirnbehälter untersuchen konnte. Er warf den Kopf in den gelben Schlamm.

Knaggs gehörte zu den Leuten, mit denen man nicht diskutieren konnte. Seine Qualifikation war die höchste; er war der Beste auf seinem Gebiet. Welches antike Stück Metall auch aus dem zerstörten Fort geborgen wurde, er strich mit den Fingern darüber und sagte, ja, möglich, das paßt etwa zu dem Fundort, Doktor, ein einfaches Fusorsystem; oder, das paßt nicht, Doktor, vergessen Sie nicht, daß das hier tausend Jahre lang eine Ruine war und andere Gruppen herumgestochert haben – das Ding da ist wahrscheinlich die Schürfgerätfernbedienung eines frühen galaktischen Teams. Interessant, gewiß, aber so etwas findet man in einem Museum in der Zentrale.

»Und lassen Sie die Dinger nicht fallen, Doktor! Sie haben stets eine vollständige Speicherspur aus der damaligen Zeit. Ich könnte damit vielleicht den Ablauf der letzten Tage des Forts rekonstruieren.«

Knaggs war ein Winzling, klein und ganz mager. Seine Nase ragte etwa in Höhe von Dross' breiter, dicker Brust aus seinem Gesicht.

»Mr. Knaggs, habe ich solche Funde nicht immer an Sie weitergegeben?« sagte Dross gelassen.

»Nicht immer, Doktor, nicht immer!«

»Und lasse ich Ihnen nicht freie Hand mit allem, was Ihr Gebiet betrifft?«

»Bis jetzt, Doktor, bis jetzt! Ich traue Ihnen aber nicht, wenn Sie diese Abwehrsysteme in die Hände bekommen. Sie können es nicht lassen, damit herumzuhantieren, Doktor, und das ist die Gefahr. Das und die Touristen! Warum könnt ihr mich nicht alle in Ruhe meine Arbeit machen lassen? Doktor, es ist ein armseliges Leben, wenn es hier von neugierigen Frauen wimmelt, die mir mit allem möglichen Gerümpel meine Werkstätten durcheinanderbringen.«

Dross blickte ruhig auf den aufgebrachten kleinen Techniker hinunter. Seine Augen waren Schlitze, obwohl er lächelte.

»Mister Knaggs, ich habe auch meine Probleme. Das eine ist das, wovon Sie sprechen. Ich schätze es ebensowenig wie Sie, wenn meine Grabungsplätze von ahnungslosen Besuchern überlaufen werden, die herkommen, um zu gaffen und ihren Unrat zurückzulassen. Ein anderes Problem ist die Art, wie wir hier arbeiten müssen. Statt der modernen Ausrüstung, die ich nehmen würde, müssen wir einen veralteten Roboter dazu einsetzen, die Überreste der größten Einzelabwehranlage zu untersuchen, die in der antiken Welt hervorgebracht worden ist. Diese beiden Probleme, Mr. Knaggs«, und hier erkannte Knaggs den Wechsel der Betonung, als Dross seinen Namen hervorstieß, »werden in den Schatten gestellt von der Gegenwart eines«, und Knaggs wich zurück, aber nicht schnell genug, denn Dross hatte zwei riesengroße Hände auf seine Schultern gelegt und ihn hochgehoben, »eingebildeten, eigensinnigen, tyrannischen –«

Mit jedem Wort hob Dross die fuchtelnde, kleine Gestalt höher.

»– völlig unvernünftigen –«

Dross wechselte den Griff und preßte Knaggs an seinen riesigen Bauch.

»– Männchens, das den größten Archäologen in der gesamten Galaxis –«

Nun hatte Dross Knaggs auf den Kopf gedreht, so daß der Techniker entsetzt in den gelben Schlamm starrte, der noch vor so kurzer Zeit die Vorpostenanlage bedeckt hatte, wo der geköpfte Roboter lag.

»– einfach nicht –«

Knaggs brüllte und bat, wieder auf die Beine gestellt zu werden, denn der Schlamm war wenig einladend und Dross' Absicht nur allzu klar.

»– arbeiten lassen will!«

»Ein Schiff!« gurgelte Knaggs dem Schlamm zu. Er tauchte auf und sah Dross lachen.

»Noch eins!«

»Touristen«, meinte Dross. »Unsere Touristen.«

Knaggs funkelte Dross an.

»Sehen Sie mich an! Ich brauche eine Stunde, bis ich sauber bin! Sie sind wahnsinnig, Dross, wahnsinnig! Sie müßten zurückgerufen werden! Sie sind völlig übergeschnappt! Sie finden nie –«

Er verstummte, denn Dross starrte ihn durchdringend an. Knaggs stand auf.

»Es hat sich nicht wie ein Touristenschiff angehört«, sagte er.

Danecki steuerte die Kapsel in einen Abzugsgraben.

Er erkannte ihn als solchen trotz des Schlamms und der kleinen Bäume, die ihn beinahe völlig verbargen. Die Vertiefung verlief entlang einem ehemals großen Feld, jetzt ein Gestrüpp von Birken und Weiden. Diese Gegend war nie einem Strahlungsbombardement ausgesetzt gewesen. Ein ausgefallener Ort zum Sterben.

Das Ende hätte in einem einzigen entsetzlichen Auffluten weißglühenden Dampfes kommen sollen, wenn eine Sonnenwaffe sein Schiff in dessen Moleküle zerlegte. Nicht hier, nicht an diesem freundlichen Ort, wo sogar der Regen weich und warm war.

Die Erde.

Er hatte nie vorgehabt, sie zu besuchen, auch wenn es der Ehrgeiz vieler seiner Freunde gewesen war, einmal auf diesem verwüsteten Planeten zu landen. Sie sprachen von den Überresten von hundert Reichen, die man dort erforschen könne. Aber aus irgendeinem Grund traten sie die Reise nie an. Er konnte sich nicht an eine einzige Person erinnern, die jemals auf der Erde gewesen wäre.

Sie war der Brennpunkt eines Traums. Ein Ort, den aufzusuchen man sich immer wieder vornehmen würde, sobald man die Zeit dazu hatte. Inzwischen vermittelten die TES einen Eindruck davon, wie es dort aussah. Man machte sich aber auch nicht die Mühe, die Total-Erlebnis-Simulatoren zu gebrauchen.

Er aß; es mochte seine letzte Mahlzeit sein. Die schwere Kapsel hatte wenig enthalten, was einem amtlich zugelassenen Verbrecher nützen konnte. Genug Sauerstoff, um ihn zu einem Planeten zu bringen, falls sein Schiff unter ihm explodierte, und Büchsennahrung für einen Tag. Nichts sonst. Nichts, was ihm auch nur annähernd helfen konnte, seine amtlich zugelassenen Verfolger zu behindern.

Wenn sie dem Schiff folgten und es zerstörten, ohne zu prüfen, was es enthielt, war er entkommen. Aber das würden die beiden Jacobis nicht tun. Sie hatten einen bindenden und feierlichen Schwur getan, daß sie mit ihm zurückkehren würden oder sonst beweisen konnten, daß sie ihre Aufgabe erfüllt hatten.

Ein Käfer untersuchte die synthetischen Krümel vor seinen Füßen. Das Tier hob die Fühler, als Danecki die Lage veränderte, um ihm freien Zugang zu den feuchten Resten Nahrung zu geben.

Danecki entdeckte, daß er seit über zwanzig Jahren nicht mehr an Dinge wie Felder und die Käfer in ihnen gedacht hatte. Dazu war keine Zeit gewesen. Ein guter, erfahrener Navigator, der zusätzlich noch die Antriebssysteme der Hyperraumschiffe schnell zu reparieren vermochte, war stets gefragt.

»Nicht mein Feld«, sagte er zu dem Käfer.

Der brachte einen Freund mit, um mit ihm die Krümel zu begutachten.

So entging Danecki der lange, lautlose, weitgeschwungene Flug des Suchschiffs. Die Wärmesensoren des Schiffs orteten ihn unbeirrbar. Danecki beobachtete die Verständigung zwischen den beiden schwarzen, glänzenden Insekten. Sie waren es, die das fremdartige, undeutliche Geräusch wahrnahmen.

Danecki sah das Schiff. Er hatte die wenigen kostbaren Augenblicke der Anonymität damit verbracht, diesen grünen Fleck zu betrachten.

Die Jacobis spielten mit ihm, sah er. Sie hätten ihn mit irgendeinem von einem Dutzend kleinerer Feuerstürme erledigen können.

Die Käfer befaßten sich wieder mit den Krümeln. Das letzte, was Danecki von ihnen sah, war ein verwirrtes Fuchteln mit den Fühlern. Ein Bodensuchgerät pfiff aus einer Luke im Rumpf des schwarzen Raumboots.

Danecki rannte.

»Warum?« fragte Danecki mit platzender Lunge und ratterndem Herzen, die den gewaltigen Anforderungen an seinen Körper Herr zu werden versuchten.

»Das habe ich nie gewollt!« stöhnte er.

»Danecki!«

Er hetzte durch den Graben, zwischen zupackenden Zweigen hindurch, die naß in sein Gesicht klatschten, über Grasbuckel, die ihn wie eine verkrüppelte Spinne hin und her warfen; und das Bodensuchgerät sägte sich durch das Gestrüpp und blieb unbarmherzig und grimmig auf seinen Fersen.

»Es ist fast soweit, Danecki!«

Und er hatte nur einen Jacobi von Angesicht zu Angesicht gesehen, einen von dem Dutzend oder mehr Verfolgern, die ihn durch die ganze Galaxis jagten und ihre aufgedunsenen Leichen oder ihre rotierenden Staubmoleküle in vier verschiedenen Planetensystemen zurückgelassen hatten. Nicht einer von ihnen war Vernunftsgründen zugänglich gewesen.

Die jungen Männer würden es auch nicht sein. Und nun hetzten sie ihn zu Tode.

Danecki kannte sein Problem. Schlagartig begriff er, daß er es satt hatte, den kleinen Vorteil an geschliffenem Können zur Vernichtung der anderen einzusetzen. Trotzdem konnte er nicht stehenbleiben und sich stellen. Noch nicht.

»Ich hoffe sehr, daß Ihnen das Mittagessen geschmeckt hat, Miss.«

Khalia dankte dem Servierroboter. Das Ausflugsschiff gefiel ihr. Es stürzte in einem Ring greller Flammen durch die Gashülle der Erde. Klein, schnell, irgendwie altmodisch.

Sie griff nach dem Reiseführer.

»Wünschen Sie, daß ich ein Erlebnisgerät einschalte?« fragte der Roboter unterwürfig.

»Ich lese lieber.«

Wieder erschien es ihr passender, zu lesen, als die Maschinen zu benutzen. Sie schlug das Buch auf.

Mrs. Zulkifars Stimme tönte durch die kleine Kabine.

»Ich weiß nicht recht, ob das eine gute Idee ist, Brigadier! Wissen Sie genau, daß sich der Ausflug lohnt?«

»Durchaus – äh – Emma.«

Mit lauter Flüsterstimme fuhr die Frau fort: »Ich möchte wissen ob *er* mitkommen darf?«

Khalia seufzte. Mrs. Zulkifar wies mit ihrem kräftigen Kinn auf die seltsame Gestalt von Mr. Mondmann.

Sie selbst hatte ihre Furcht vor der langen, hageren Gestalt nie ganz überwinden können. Es genügte nicht, daß Wardle beruhigend darauf hinwies, daß er ein völlig normales menschliches Wesen sei; nicht, wenn das Gesicht schwach leuchtete, wenn die Augen rund waren wie weiße Kiesel, wenn die Hände aus einem Grab zu kommen schienen. Sie gab sich aber Mühe.

In der losen Vereinigung, die in der Galaxis eine Art Ordnung aufrechtererhielt, war sogar Platz für die Wiederbelebten. Sie hatten wie alle anderen Anspruch darauf, die Touristenschiffe zu benutzen. Mrs. Zulkifar dachte anders.

»Das ist nicht anständig! Er sollte im Schiff bleiben!«

Mr. Mondmann konnte die Frau nicht ignorieren. Als er zu sprechen begann, klang es, als komme seine Stimme aus dem Boden. »Madam, ich höre Sie. Ich verstehe Ihre Einstellung. Sie fürchten mich, ich weiß.« Er betrachtete seine gespenstischen Hände. »Sie wissen, was es heißt, mich zu sehen. Ich *bin* ich!« Dann rief er: »Steward!«

Der Roboter eilte zu ihm.

»Wünschen Sie etwas, Sir? Der Flug dauert noch einige Minuten. Wir servieren Getränke. Für Ihre Bequemlichkeit ist gesorgt. Doktor Dross weiß von Ihrer bevorstehenden Ankunft.«

»Legen Sie eine Abschirmung um mich.«

Mrs. Zulkifar richtete sich auf. »Das möchte ich meinen!«

Mrs. Zulkifar hatte ihren Abscheu vor dem Wiederbelebten auf dem Flug durch die ganze Galaxis kundgetan. Bis zu einem gewissen Grad konnte Khalia sie verstehen. Die Wiederbelebten stellten eine Minderheit dar, der man Mitgefühl entgegenbringen konnte, aber deren Erscheinung tiefe, halbverborgene Empfindungen des Entsetzens hervorrief. Sie waren die wandelnden Leichen der Legende, die Toten, aus dem Grab zurückgeholt, in das ein unglücklicher Zufall sie gebracht hatte.

»Sie sollten anständig begraben werden!« hatte Mrs. Zulkifar dem Brigadier einmal zugezischt. »Man kann von mir nicht erwarten, daß ich mit einem Toten reise, esse und dieselbe Luft atme!«

Bei dieser Gelegenheit hatte Khalia erwidert: »Lassen Sie Mr. Mondmann in Ruhe!« Sie war über sich selbst erstaunt gewesen. »Er hat jedes Recht, hier zu sein. Und Sie haben kein Recht, das über ihn zu sagen!«

Sie hatte den Wiederbelebten bitten wollen, sich zu ihr zu setzen, aber sie sah die kalten, toten Hände. Er hat begriffen, dachte sie. Von da an hatte Mrs. Zulkifar sie nicht mehr beachtet.

Khalia verbannte die anderen aus ihren Gedanken. Der Ausflug rief in ihr ein Gefühl wunderbarer Erwartung hervor, wie sie es seit ihrer Kindheit nicht mehr erlebt hatte. Weshalb eigentlich?

Der Reiseführer drückte sich beinahe banal aus.

›Sie haben sich entschlossen, eines der größten Wunder aller Zeiten zu besuchen! Sie werden von Ihrem Ausflug nicht enttäuscht sein! Sie werden die Ruinen der mächtigsten Befestigungen jener fernen Zeit sehen, da das gesamte Imperium der Zweiten Interplanetarischen Konföderation wie ein stolzes Schiff die Stürme des Krieges und der Aufstände bestand! Tausend Jahre sind vergangen, seitdem das Fort von Feuer und Kernspaltung zermalmt wurde. Und dort wird der hervorragende Archäologe Dr. Dross Sie persönlich durch die Ruinen führen. Sie werden begeistert sein von der Berührung mit der großen Zivilisation, die in einer so entsetzlichen, blitzschnell hereinbrechenden Katastrophe untergehen sollte! Sie werden erschüttert sein, die Legende vom Verlorenen Fort und die noch aufregendere Geschichte der berüchtigten Schwarzen Armee zu hören!‹

Trotz der schwülstigen Prosa spürte Khalia erneut die Erregung, die sie mit solcher Heftigkeit erfaßt hatte, als Sol und ihre Begleitplaneten aus den Hyperkuben der unwirklichen Dimensionen aufgetaucht waren. War es Angst, die ihre Haut so prickeln ließ, fragte sie sich; war es die ängstliche, närrische Freude von kindlichen Alpträumen, die sie bewegte?

›Ihr Abstecher wird völlig ungefährlich sein!‹ jubelte der Prospekt. ›Obwohl die meisten Gebiete nicht ohne Schutz besucht werden können, waren die Ruinen nur kurzer Strahlung ausgesetzt. Im Umkreis von hundert Meilen rund um das antike Monument besteht keinerlei Gefahr!‹

Mrs. Zulkifars Stimme störte ihre Gedanken.

»Ich kann nicht behaupten, daß ich von diesem Dross schon einmal gehört hätte, Brigadier.«

»Mag sein, Madam«, erwiderte der alte Soldat ein wenig verwirrt. »Ich glaube nichtsdestoweniger, daß der Doktor der Verfechter der aufregendsten aller Theorien im Zusammenhang mit der Zweiten Interplanetarischen Konföderation und ihrem Ende ist.«

Er fing Khalias Blick auf.

»Bemerkenswerter Mann, junge Dame! Die größte Autorität in der ganzen Galaxis. Nicht alle sind seiner Meinung – ich möchte sogar behaupten, daß er in manchen Kreisen als Sonderling verschrien ist –, aber er hat seine Anhänger!«

»Zu denen Sie offenbar gehören«, warf Mr. Mondmann ein.

»Ja, äh, Sir, ja.«

Wardle hatte die Gegenwart des Wiederbelebten während der langen Reise kaum zur Kenntnis genommen. In dem engen Raum des kleinen Raumfahrzeugs konnte er ihm praktisch nicht ausweichen. Er wandte sich wieder an Khalia.

»In den Reiseführern steht viel Quatsch! Vom wahren Geheimnis wird nichts erwähnt. Wirklich nicht.«

»Nein?«

»Nein! Keine Spur! Die größten Repräsentanten der Kunst der Robotererzeugung, die es je gegeben hat. Bemerkenswerte Leute. Sie lebten, atmeten, führten Krieg mit Robotern, liebten sie vielleicht sogar. Einmalige Kybernetiker. Und wenn Doktor Dross sagt, daß es hier irgendwo ein verschüttetes Fort gibt, dann nehme ich ihm das ab!«

»Ich dachte, Sie hätten genug von der Soldatenspielerei, Brigadier?« meinte Mrs. Zulkifar. »Ist Ihre kleine Armee nicht aufgelöst worden?«

»Allerdings!« sagte Wardle empört. »Allerdings! Einfach entlassen! Man war der Meinung, wir hätten genug mitgemacht. Ein glatter Irrtum! Ich habe den Leuten erklärt, mein Planetensystem sei noch lange nicht zum Frieden bereit.«

»Sind Sie es vielleicht nicht?« sagte Khalia.

Wardle starrte sie an. Er schien sie zum erstenmal als Person zu bemerken statt als Erscheinung im Hintergrund.

»Hab' ich mir nie überlegt«, sagte er.

»Ihr spielt immer noch Krieg«, erklärte Mrs. Zulkifar.

Wardle fiel nichts Passendes ein. Er lächelte einschmeichelnd. Khalia fand das Lächeln nur noch bemitleidenswert, nachdem es aufgehört hatte, belustigend zu sein. Mrs. Zulkifar gehörte nicht zu den Frauen, die auf weichere menschliche Empfindung reagierten.

Mr. Mondmann deutet zu den Ruinen hinunter.

»Ihr Wappen«, sagte er. »Das Wappen der Zweiten Interplanetarischen Konföderation.«

Es hatte die Jahrhunderte überdauert. Auf einem noch intakten Strahlungsschild leuchteten noch immer drei aufgehende Sonnen mit Strahlenkränzen, das stolze Emblem des alten Imperiums.

»Eine für jeden Planeten, den sie beherrscht haben«, sagte Wardle.

»Den hier haben sie verwüstet«, meinte Khalia. »Sehen Sie, was dort über die Legende steht.« Sie spürte einen kalten Hauch der Bedrohung in dem warmen Schiff. Sie fröstelte.

Wardle las die Worte mit dem Stolz des Kenners vor.

»Machtvolle Worte! Hört zu. Es ist nur eine Zeile, aber sie hat tausend Jahre überstanden. Ein Versprechen und eine Drohung: ›Am Ende werden die Regimenter der Nacht erscheinen.‹«

Das kleine Schiff schwebte über den alten Stützpunkt ein.

2

»Ich weigere mich!« schrie Dross. »Kommt nicht in Frage! Nein!«

Der grün-bronzene Roboter sah ihn ruhig an.

»Das steht in unserem Vertrag, Sir. Die Zentrale glaubt Ihnen vielleicht, daß Sie zu beschäftigt waren, sich um die letzte Gruppe zu kümmern. Und um die vorher, Doktor. Aber nicht drei hintereinander.«

»Ich bin krank, Batty!«

»Ja, Sir.«

»Ich habe die Störungen satt, die bösartigen Pedanten in ihren engen, kleinen Büros in der Zentrale! Mir hängen die Hanswurste und Pfuscher zum Halse heraus! Denken Sie an den jungen Tölpel, der mit seinen schwachsinnigen Eltern hier war – vor drei Monaten, glaube ich. Im Frühsommer. Der das von uns versiegelte Landkampfgerät gefunden hat. Mit der Maschine hätte er uns allen den Garaus machen können! Sie funktioniert immer noch, obwohl sie tausend Jahre alt war, und sie hätte uns alle vernichten können!«

Der gnomenhafte kleine Mann hinter dem Roboter grinste.

»Keine Sorge, Doktor. Ich habe alles Aktive entschärft. Soll ich unseren Besuchern die Überreste des Kriegsroboters zeigen, den wir gefunden haben? Den Prototyp, der Sie so erregt hat, Doktor? Dreimal so groß wie Batty, nichts als Waffen und Rüstung — ein gefährliches Ding! Führen wir es ihnen vor — als zusätzlichen Gruseleffekt.«

Er lächelte Dross unschuldig an, aber Dross ging nicht darauf ein.

»Halten Sie sich bereit, Sir?« fragte der Roboter.

»Ich bin sicher, Doktor Dross steht zur Verfügung«, sagte Knaggs.

»Dann führe ich die Besucher in den Empfangsraum, Sir.«

»Nein!« knurrte Dross. »Führ sie gleich ins Hauptaussichtsdeck. Bringen wir es hinter uns.« Er sah Knaggs an. »Haben Sie den Humanoiden schon auseinandergenommen?«

Knaggs hob mit gespielter Beschämung die Hände.

»Das habe ich vergessen. Ich mußte mich frischmachen, Doktor, damit unsere Gäste nicht beleidigt sind. Ich hole das Kopfstück später. Ein paar Stunden hin oder her spielen keine Rolle. Es lag ja schon tausend Jahre dort.«

*

Danecki war geschlagen. Trotzdem blieb er auf den Beinen, trotzdem suchte er instinktiv Schutz. Die Bäume hier waren von kräftigerem, breiterem Wuchs, auf dem Boden lag schon das erste Herbstlaub. Vielleicht gab es Senken, wo er sich ein paar Augenblicke verbergen konnte – nicht in der Hoffnung, den Sensoren entkommen zu können, die warmblütigem Leben über ganze Welten zu folgen vermochten, sondern um Energie zu sparen, Atem zu schöpfen, damit er noch einmal aufspringen und fliehen konnte.

»Wir kommen, Danecki!« rief die helle, junge Stimme.

Wie alt waren die letzten Männer des Jacobi-Clans? Zwanzig? Achtzehn? Sie waren die Besten, ohne Rücksicht auf das Alter. Sie gaben ihm keine Chance.

Das Suchgerät knickte Bäume. Dann hielt es inne.

Danecki setzte sich wieder in Bewegung, denn die jungen Leute würden jetzt herauskommen. Sie durften Handfeuerwaffen tragen, würden ihn aber vermutlich mit den Händen töten wollen. Er griff nach einem toten Ast, aber der zerfiel ihm in der Hand, zu verfault, um sein eigenes Gewicht tragen zu können. Und die endlose, blinde Flucht ging weiter, obwohl die Bäume schon verschwammen und rote Ränder hatten. Es lag aber nicht an der Morgensonne, sondern am Blut in Daneckis Augen von den Kratzern in seinem Gesicht.

Er blieb stehen, unfähig, sich zu bewegen. Es schien richtig zu sein, daß er wartete.

Kein Gräusch der Verfolgung war zu hören. Das vertraute Krachen des kraftvollen Geräts blieb aus. Nichts als das leise Murmeln der Regentropfen in den Bäumen. Ein Vogel pfiff ihn an und schreckte einen Schwarm Ringeltauben hoch. Danecki schaute sich um. Die Jacobis hatten das Suchgerät nicht verlassen.

Er fand neue Kraft in seinem mageren Körper. Er lief mit langen, weit ausgreifenden Schritten auf den schwarzen Wald zu. Einer der Jacobis schrie zornig auf, obwohl Danecki nicht hören konnte, was er rief. Zum zweitenmal, seitdem er die Wildnis des Hyperraums verlassen hatte, begann er zu hoffen. Das Suchgerät mußte einen Defekt haben. Nur so war sein Stillstand zu erklären, denn die Jacobis hätten inzwischen schon längst ausgestiegen und ihm auf den Fersen sein müssen.

Er stürzte in einen weichen Erdhaufen, als er über eine Wurzel stolperte. Ohne die Schmerzen im rechten Knöchel zu beachten, kämpfte er sich durch Nesseln und Sträucher, bis er tief im düsteren Wald und auf der steilen Böschung war, die er als Ziel gewählt hatte. Die Jacobis waren immer noch nicht hinter ihm.

Hinter der Kuppe blieb er stehen, denn der Wald war zu Ende. Er starrte verzweifelt und entsetzt auf das große Talbecken. Vor und unter ihm stand die Ruine eines gigantischen Militärstützpunktes. Seine Türme waren schwarze Metallskelette. Die Stockwerkschichten waren auseinandergerissen und hatten sich dem Himmel geöffnet. Hier und dort zwischen den Ruinen hatten sich vereinzelt Baumgruppen erhalten, aber zum größten Teil sah das Fort so aus wie damals, als die letzte der Riesenbomben es in ein Chaos verwandelt hatte.

Eine Waffe, war sein nächster Gedanke. Wo nach einer Waffe suchen, wenn nicht in einem Arsenal?

»Man möchte meinen, daß es irgendein Obdach gibt«, beklagte sich Mrs. Zulkifar. »Ich meine, es macht ja kein Vergnügen, herumzustehen, während man aus allen Richtungen vom Wetter bombardiert wird. Ich hätte doch lieber die Asteroiden besuchen sollen.«

»Wirklich rücksichtslos«, bekräftigte Wardle. »Als alter Soldat bin ich Strapazen gewöhnt, aber die Damen brauchen wirklich Schutz.«

»Ich mag den Regen«, sagte Khalia.

»Ich auch«, erklärte der Wiederbelebte, aber niemand sah in seine Richtung.

Wardle schaute auf die Uhr.

»Es muß doch einen Führer oder dergleichen geben«, meinte er. »Wir stehen hier schon fünf Minuten herum.«

»Wie spät ist es?« fragte Mrs. Zulkifar.

Khalia erinnerte sich, daß die Witwe ein Wesen mit festen Gewohnheiten war. Sie teilte sich den Tag in Perioden nützlichen Bemühens ein.

»Zehnnulleins, Ortszeit«, erwiderte der Brigadier. »Die Galaktische Zeit wird nach einer Stelle nicht weit von hier gemessen. Auf Ihrem Planeten, meine Liebe, wäre es jetzt, Augenblick, Nullzweiviereins.« Er begann mit einem Vortrag über die Erdzeit, die verlorenen Tage, die Gestirnumlaufzeiten und den Julianischen Kalender.

Khalia war fasziniert. Der Begriff der Zeit hielt sie gebannt, während der Regen in Schauern über ihre Köpfe wehte. Sie wurden von der unheimlichen Atmosphäre des verlassenen Forts erfaßt, als Wardle die Zeitmeßmethoden der Erde beschrieb.

Keine Schiffe rasten durch den Himmel, kein flackerndes Licht zeigte vorbeihuschende Landfahrzeuge; die einzigen Geräusche waren Vogelrufe und einmal ein Krachen im Wald, vielleicht von einem ungeschickten Tier.

»Alles schön und gut«, sagte Mrs. Zulkifar, »aber wenn ich schon herkomme, um mir ein amtlich anerkanntes Denkmal anzusehen, erwarte ich, daß man sich um mich kümmert.«

»Dafür werde ich sorgen«, erklärte Wardle.

»Weshalb sind Sie hergekommen?« fragte Mr. Mondmann, als sich der Brigadier und Mrs. Zulkifar über andere Ausflüge unterhielten.

Khalia verbarg ihr instinktives Entsetzen. Was mit der Kolonie im Siriussystem geschehen war, konnte man den Menschen selbst nicht anlasten. In einem abnormen Zeiteffekt gefangen, waren sie zweihundert Jahre lang in einem unglücklichen Halb-Leben verblieben, weder lebendig noch tot. Die wenigen, die aufgrund ihrer Widerstandskraft dieses bizarre und einschneidende Erlebnis überstanden, waren durch den zufälligen Besuch eines Raumschiffs der Galaktischen Zentrale gerettet worden. Mr. Mondmann gehörte zu den Überlebenden.

Khalia versuchte, ehrlich zu antworten.

»Zur Auswahl standen die Erde, die Asteroiden oder die Niederlassung auf dem Mond. Ich wollte wohl wieder einmal im Freien sein. Die Hauptsache war aber, daß hier alles geendet hat – die Konföderation. Ich meine, wir würden nicht in unserer lockeren Galaktischen Union leben, wenn es nicht so gewesen wäre. Es gäbe immer noch Imperien.«

Mr. Mondmann nickte und starrte auf die Ruinen.

Khalia erinnerte sich an unheimliche Berichte über die Wiederbelebten. Sie hatte einen alten Hauslehrer von ihrem merkwürdigen Metabolismus erzählen hören; sie könnten nicht altern, hatte er gesagt. Traf das wirklich zu?

»Weshalb sind Sie hier?« fragte sie impulsiv.

»Wollen Sie das wirklich wissen?«

»Ja«, sagte sie.

»Ich hatte den Wunsch, den Beginn aller Dinge zu sehen. In gewisser Beziehung wie Sie. Es ist, als besuche man das Grab der ältesten Person, an die man sich aus seiner Kindheit erinnert. Die Erinnerungen dieser Person würden ein ganzes Jahrhundert umspannen. Und die der ältesten Person aus ihrer Kindheit würden wiederum ein weiteres Jahrhundert zurückreichen.« Er wies auf die

Ruinen. »Die hier im Schlamm liegenden Maschinen besitzen Erinnerungen an die Zeit der Konföderation. Ich hoffe, das klingt nicht zu morbid.«

So klang es aber auf einmal. Die kleine Gruppe spürte den Druck der Vergangenheit in kalten Wellen. Es gab zuviel Raum.

Danecki kam besser voran. Durch das Gebüsch bahnte sich eine Fährte bergab zu den Ruinen. Ob sie von Tieren oder Menschen stammte, konnte er nicht entscheiden. Vermutlich von Tieren, denn er mußte sich manchmal bücken, um durch Tunnels im dichten Gesträuch zu laufen. Er versuchte, sich ins Gedächtnis zu rufen, was nach den Irren Kriegen auf der Erde aus den Tieren geworden war. Mutanten? Fleischfresser? Er schob den Gedanken ungeduldig beiseite.

Die Gefahr waren die Jacobis.

Dann stürmte er durch einen hohlwegartigen Einschnitt in der Vorpostenlinie und lief auf einen Komplex von wirren Räumen zu. Ein ganzes Deck des Forts war um seine Achse gedreht worden, so daß riesige Schlitze dem Regen freien Zugang boten. Danecki starrte in das schwarze Wasser eines Sees.

»Hier, Danecki«, sagte eine leise Stimme.

Danecki fuhr mit einer Geschwindigkeit herum, die immer ungenügend war. Der junge Jacobi lachte ihn aus zehn Metern Entfernung an. Er war ein mittelgroßer, kräftiger Junge mit schwarzen Locken und weißen Zähnen. Er wirkte so glücklich wie ein Kind, das seinen ersten Raumgleiter sieht. Er lächelte nur, als Danecki dem Nadelpfeil auszuweichen versuchte.

Der Pfeil traf Danecki an der Wade und lähmte sein linkes Bein. Danecki wußte, daß ihn der nächste im rechten Bein treffen würde. Die Jacobis hatten ihn glatt getäuscht. Während das Suchgerät den Rücken deckte, waren sie aus verschiedenen Richtungen, auf jeder Flanke einer, herangeschlichen. Mittlerweile hatte ihn das Gelände unvermeidlich auf das Fort zugetrieben. Sie hatten gewußt, daß er hinaufklettern würde, wo die Bäume dichter standen. Für ein gejagtes Tier war das der natürlichste Weg.

»Hier sterben Sie, Danecki«, sagte der junge Mann lächelnd.

Wo war der andere?

»Sie irren sich«, sagte Danecki, wie er es bei den älteren und strengeren Jacobis versucht hatte. »Es gibt überhaupt keinen Grund dafür. Ich war nicht verantwortlich dafür. Es war ein Unfall, der jedem Raumschiff hätte zustoßen können.«

Der junge Mann war trotz seines Lächelns von wildem Zorn erfüllt.

»Sie haben meine Schwester umgebracht«, sagte er. »Und ihre Kinder.«

»Eine Fehlbeurteilung, das gebe ich zu«, sagte Danecki müde. »Wer macht keine Fehler?«

»Ich.«

Danecki stürzte in den Schlamm. In einer Beziehung hatte der Junge recht. Sie hatten ihn wie Profis gejagt. Aber wo war der andere Jacobi?

»Ich glaube, Sie haben sie lange genug warten lassen, Doktor«, meinte Knaggs.

»Sind Sie noch nicht auf den Gedanken gekommen, Mister Knaggs, daß unsere Besucher ein paar Minuten mit der Natur Zwiesprache halten wollen, bevor ich mit meiner Führung beginne?«

»Sie sind ein gräßlicher alter Schurke, Doktor. Sie lassen sie im Regen warten, damit sie zu naß sind, um etwas anderes zu tun, als in der Empfangshalle etwas zu trinken.«

»Geben Sie mein baldiges Eintreffen bekannt«, befahl Dross.

Der grün-bronzene Roboter entfernte sich knarrend.

Der Junge hielt die schimmernde Waffe an den Kopf. Danecki verfolgte den inneren Kampf, als der Junge zuerst auf das eine, dann auf das andere Auge zielte. Er wartete also auf seinen Bruder. Sie mußten sich ausgerechnet haben, wie es gehen würde. Und wenn sie Zeit gehabt hatten, die Art seines Todes zu planen, dann würde er ganz sicher besonders unangenehm sein. Ohne jeden Anlaß erinnerte sich Danecki daran, wie er einen der ältesten Jacobis, einen Mann über Siebzig, angefleht hatte. Der hatte dieselben gehetzten Augen gehabt. Er hatte Danecki größere Mühe gemacht als irgendein anderer aus dem Clan; mehr sogar als die beiden jungen Männer bisher. Der Alte hatte ihn mit einer wilden Verschlagenheit verfolgt, die sie beide durch Zeit und Raum hetzte, hin und her durch die gesamte Galaxis, bis sie beide erschöpft gewesen waren. Danecki hatte sich in einem Wirbel dimensionaler Kräfte verborgen.

Zu müde, um sein rotierendes Schiff im Zaum halten zu können, war der alte Mann hinab in den Mahlstrom gerissen worden, fort von Danecki und ohne einen Gedanken an Rache, mit nichts in seinem erschöpften alten Gehirn als dem Wunsch nach Ruhe.

Danecki berührte sein Bein mit der Hand.

»Müde, Danecki?« fragte der junge Mann. »Tut es weh?«

Es soll dir weh tun, sagten seine Augen. Fühl den Schmerz.

Für das lizenzierte Opfer war, ebenso wie für den Jäger, ein Verhaltenskodex vorgeschrieben. Der Tod mußte schnell und schmerzlos gegeben werden. Danecki fröstelte.

Dem Jungen gefiel das. Er kam näher, die Waffe in seiner braunen Hand. Danecki krallte die Hand in den Boden, suchte nach der Sicherheit festen Bodens. Seine rechte Hand schloß sich um etwas, was im Schlamm lag. Es gab kein Abwägen von Chancen, überhaupt kein Nachdenken. Das Ding lag in seiner Hand, und es war augenblicklich die Waffe, die er sich gewünscht und nicht gefunden hatte, als der verfaulte Ast zerbrochen war und das Fort sich als trostlose Ruine erwiesen hatte, wo das Wasser über einem mutmaßlichen Arsenal zusammengeschlagen war. Der Gegenstand war schwer und löste sich mit einem klatschenden Geräusch aus dem gelben Schlamm. Der Junge sah ihn und schoß nicht.

Danecki sah die Metallhülse vom Kopf des Jungen abprallen, und in blitzartiger Erkenntnis wußte er, weshalb sein Gegner gänzlich verständnislos reagiert hatte. Er, Danecki, hatte einen Kopf aus dem Schlamm geholt und die Stirn des Jungen damit zertrümmert.

Der Junge zuckte eine ganze Minute lang epileptisch, während Danecki versuchte, wieder auf die Beine zu kommen. Der Regen rauschte auf den Körper und das graue, verzerrte Gesicht des Jungen hinab. Was hatte ihm der Schlag angetan? Der Junge blickte Danecki an, doch er erkannte ihn nicht. Das Blut rann langsam aus der Wunde an seiner Stirn und in einer schwarzen Flut aus Nase und Ohren.

»Wieder einmal«, sagte Danecki zu dem gepeinigten Jungen.

Er kroch auf den Jungen zu, um ihm den Rest zu geben, so, wie er gezwungen gewesen war, viele Mitglieder des Clans zu töten. Aber er hielt inne. Weshalb dem jungen Mann noch mehr Leid zufügen? Viel wichtiger war es, herauszufinden, wo sich sein Bruder befand.

Danecki spürte, wie die Kraft in sein Bein zurückkehrte. Der Schmerz hatte nachgelassen. Er kroch zu dem Jungen und beobachtere ihn ein paar Sekunden. Der Tod flutete über das nasse, weiße Gesicht. Dann drehte er dem Jungen den Kopf herum, damit er mit dem Gesicht zum Himmel lag. Als Danecki langsam und qualvoll von der Blutstätte kroch, sah er, wie der Regen das Blut vom toten Gesicht wusch.

Er hatte hundert Meter zurückgelegt, als hinter ihm die Schritte planschten. Augenblicklich spannte er die Muskeln an. Der schlammbedeckte Roboterschädel lag in seiner Hand.

»Besucher dürfen vom Antiken Denkmal keine Artefakte entfernen!« sagte der Neuankömmling streng.

Ein Roboter!

Danecki zuckte zusammen und begriff plötzlich, was er vor sich hatte. Antikes Denkmal, Besucher und Artefakt deuteten alle auf eines: Er sprach mit einem Führungsroboter.

»Sie dürfen Ihre Gruppe während des Ausflugs nicht verlassen!« rügte der Roboter. »Die Galaktische Zentrale verbietet das ausdrücklich. Doktor Dross wird in Kürze hier sein, um Sie zur Aussichtsstation zu führen.«

Der zweite Jacobi würde nicht lange auf sich warten lassen.

»Ich habe mir am Bein weh getan und mich ausgeruht«, sagte Danecki.

Der Roboter nickte.

»Touristen erleiden kleinere Unfälle, wenn sie sich absondern.« Es bestätigte seine Meinung.

Danecki betrachtete das humanoide Gesicht des Roboters. Es war grün-bronze wie sein eleganter Körper, glatt und wohlgeformt. Danecki fragte sich, wie er seine Anwesenheit am besten erklären konnte, sie und die Jacobis. Wieweit kannte sich der Roboter bei menschlichen Motiven und dem Ausmaß menschlicher Täuschung aus? Er entschloß sich. Es gab eine Möglichkeit, das Auftauchen des Roboters zu nützen.

»Ein zweites Mitglied der Gruppe hat sich ebenfalls abgesondert. Ein junger Mann namens Danecki.«

Der Roboter war selbst von beträchtlichem Alter, aber ein überaus hochentwickeltes Gerät. Sicherlich würde er die Wärmeausströmung von Jacobis Körper wahrnehmen. Danecki wollte rechtzeitig gewarnt werden, wenn sich Jacobi näherte.

Der Roboter schwieg und schien zu schnuppern. Er zeigte die bei Humanoiden typische Zerstreutheit.

»Ihr Freund ist nicht in der Nähe«, sagte er schließlich. »Und zu den Besuchern gehört niemand dieses Namens.«

Danecki wechselte schnell das Thema.

»Kümmere dich um mein Bein.«

Der Roboter schlitzte den Stoff mit einer geschickten Bewegung auf und entdeckte den Nadelpfeil mit einer winzigen Sonde.

»Ich spüre einen Schmerz«, sagte Danecki.

»Man hat Sie angeschossen, Sir.«

Daneckis Geistesgegenwart war zur Stelle.

»Berichte mir von der Ruine«, befahl er.

Der Roboter wollte sich nicht ablenken lassen.

»Ich muß das melden, Sir.«

»Bring mich zu meiner Gruppe.«

»Wie heißen Sie, Sir?«

»Nenn die Namen der Besucher.«

»Sehr wohl, Sir. Mrs. Emma Zulkifar, Mr. Mondmann, Miss Khalia Burns und Brigadier Wardle.«

Danecki fühlte, wie sich sein Bein kräftigte. Der Pfeil war eine Lähmnadel mit kurzer Wirkungsdauer gewesen. Der junge Jacobi hatte sich sehr sicher gefühlt.

»Ich bin Brigadier Wardle«, sagte er.

»Können Sie gehen, Brigadier?«

»Hilf mir.«

Der Roboter stellte ihn auf die Beine.

»Darf ich Ihnen den Artefakt abnehmen, Brigadier?«

Danecki gab ihm den beschmutzten Roboterkopf.

»Doktor Dross wird das sehen wollen, Sir. Es kann sein, daß er mit Ihnen sprechen möchte.«

Danecki dachte an den toten Jungen im Schlamm. Der gespenstische Schädel war die einzige Waffe gewesen, die das antike Fort angeboten hatte. Und jetzt sollte es ein Museumsstück werden. Er fragte sich, ob der Roboter die Gegenwart des kalten Jacobi gespürt hatte. Vermutlich nicht, aber es blieb noch das andere mordlustige Mitglied des Clans.

»Unterrichte mich, falls sich ein junger Mann mit einem Körpergewicht von etwa hundertfünfundfünfzig Pfund nähern sollte. Das wird mein Freund Danecki sein, ein listenmäßig nicht erfaßtes Mitglied der Besuchergruppe.«

»Sehr wohl, Sir.«

Der Roboter wartete. Es war deutlich, daß er ihm nicht gestatten würde, sich zu entfernen.

Dross, dachte Danecki, Ich habe von einem Dross gehört.

Er versuchte, keine Eile zu zeigen, achtete aber darauf, daß sich der Roboter stets zwischen ihm und dem bedrohlichen Wald befand. Was konnte er jetzt anderes tun, als zu versuchen, in der alten Festung Zuflucht zu finden? Eine Besuchergruppe – das bedeutete ein Ausflugsschiff von dem großen Raumkreuzer, der ihn aus seiner Bahn geschleudert hatte. Ein Raumfahrzeug bedeutete Entkommen, zumindest Nahrung. Und Dross. *Der Archäologe!*

»Sie haben nach der Festung gefragt, Sir.«

»Allerdings.«

Der Roboter begann zu berichten.

»Da kommt endlich jemand«, sagte Mrs. Zulkifar.

»Hallo! Kommen Sie doch herein, aus dem Regen«, rief Knaggs. »Ist Batty noch nicht da?«

»Nein!« sagte Wardle scharf. »Niemand ist gekommen. Wir stehen hier seit einer halben Stunde – so etwas nenne ich schlechte Organisation!«

»Sind Sie verantwortlich?« fragte Mrs. Zulkifar.

»Eigentlich nicht. Unser zahmer Roboter hätte längst hier sein müssen. Batty.«

»Nun, er war nicht hier!« knurrte Wardle.

Khalia genoß es, durchnäßt zu sein.

Das Fort hatte etwas von seiner Unheimlichkeit verloren, nachdem sie eine halbe Stunde gewartet hatten. Das Gefühl der ehrfürchtigen Betroffenheit blieb jedoch. Die ungeheuren Ruinen waren zehn Jahrhunderte lang vermodert und verrostet. Es war, wie der Reiseführer betont hatte, eine kolossale Leistung menschlicher Technik. Ruinen blieben aber Ruinen. Sie waren losgelöst von den schrecklichen Kriegen, die den Planeten überrollt hatten; man konnte sich ihnen mit einer Empfindung sentimentalen Staunens nähern. Sie waren harmlos, aber erhebend; vage bedrohlich, ohne gefährlich zu sein.

Khalia begann zu begreifen, daß sie deshalb so aufgeregt war. Es war, als sah man einen Tiger im Käfig. Er starrte hinaus, konnte einem aber nichts tun. Die Festung war nur mehr der Schatten ihres einstmals schrecklichen Selbst.

Mr. Knaggs stellte sich vor.

»Der Doktor muß gleich hier sein«, sagte er. »Der alte Batibasaga ist hergeschickt worden, damit er Sie hinunterbringen sollte. Er muß eine Gedächtnisstörung haben. Ich bin nur Knaggs, der Ingenieur, und der Doktor verwendet mich als Boten, wenn Batty defekt ist. Alles bereit?«

»Ich bin mir nicht sicher, ob ich überhaupt noch etwas sehen will«, sagte Mrs. Zulkifar. »Diese Touren sind ja ganz nett, aber wie wissen wir denn, was vorgeht? Im Null-Alpha-Komplex gab es wenigstens eine vollautomatische Gleitbahn. Und einen Kommentar.«

»Zu uns kommen nicht viele Touristen«, meinte Knaggs. »Es würde sich nicht lohnen, hier alles zu automatisieren.«

»Kommen Sie, Mrs. Zulkifar«, sagte der Brigadier, »Sie müssen mitmachen. Das ist die am vollständigsten erhaltene militärische Anlage überhaupt. Und man weiß nie, es wird vielleicht sogar aufregend – denken Sie an die Legende, äh, Emma.«

Khalia begegnete Knaggs' Blick. Der kleine Mann zwinkerte ihr zu.

»Der Doktor wird Ihnen aufregend genug sein«, sagte er.

Danecki ließ den Roboter die ganze Geschichte des Forts herunterstottern. Er erfuhr von der Zweiten Interplanetarischen Konföderation und den Forschungen des Doktors in ihrer größten Festung.

Er und der Roboter stapften durch Schlamm und über einen Teppich strahlend gelber Blumen.

»Es wird also tagelang kein Schiff erscheinen«, sagte Danecki, als sie ein verhältnismäßig unberührtes Gebäude inmitten schwarzer, in sich zusammengestürzter Türme erreichten.

»Sehr zweifelhaft, Sir. Doktor Dross erhält von Zeit zu Zeit Nachschub, aber es könnte sein, daß das Schiff der Zentrale diesmal nicht vorbeikommt.«

Danecki stellte immer neue Fragen. Er wunderte sich nicht, als ihm der Roboter verriet, daß sich unter Dross' Ausrüstung keine Waffen befanden und daß antike, aber noch gebrauchsfähige Waffen, die bei den Ausgrabungen auftauchten, von Dross' Ingenieur Knaggs augenblicklich unschädlich gemacht wurden.

»Ich brauche ein heißes Getränk«, sagte er zu dem Roboter. »Ich habe einen Schock erlitten. Ein Verletzter muß das haben.«

Der Roboter wirkte unsicher.

»Ich glaube wirklich, wir sollten jetzt zum Doktor gehen. Er wird die anderen Besucher zur Hauptaussichtsplattform geführt haben. Sie sind sehr liebenswürdig gewesen, was Ihr Interesse an den Grabungen und an meinen Fähigkeiten angeht. Ich fürchte, daß ich zu lange bei Ihnen geblieben bin, Brigadier. Ich hätte den Besuchern eine Mitteilung überbringen sollen.«

»Hast du nicht den Auftrag, stets für die Bequemlichkeit offizieller Gäste zu sorgen?«

»O ja, Sir.«

»Dann bring mir Kaffee. Und etwas zu essen.«

»Sehr wohl, Sir.«

Es bot sich vielleicht in nächster Zukunft keine Gelegenheit mehr, etwas zu essen. Außerdem wollte Danecki mehr über die Ausstattung des archäologischen Stützpunktes erfahren. Vielleicht gab es irgendwo ein Bodenfahrzeug.

Der Roboter brachte Essen und Kaffee. Danecki aß und trank. Er hatte stundenlang an der Steuerung des kleinen Hyperraumschiffes gesessen und seit beinahe vierundzwanzig Stunden nicht mehr geschlafen. Seltsamerweise fühlte er keine Müdigkeit. Die würde später kommen, wenn die Reaktion einsetzte.

Eigentlich war alles erstaunlich gutgegangen, obwohl er seinem Glück nicht dankbar sein konnte, das einen weiteren in der langen Reihe von gewaltsamen Todesfällen erzwungen hatte. Das Gesicht des jungen Jacobi würde ihn monatelang begleiten, im Wachen und im Schlafen. Er konnte sich an die klaren Augen und an den Regen auf dem Gesicht erinnern.

Danecki trank hastig.

»Wie steht es mit der Fortbewegung?« fragte er. »Der Doktor muß doch in der Gegend viel herumkommen?«

Danecki glaubte, zu weit gegangen zu sein. Der Roboter war erstarrt.

»Nun?« fragte Danecki.

Der Roboter drehte sich um.

»Sie müssen Doktor Dross selbst fragen, Sir. Wir sollten uns in die Festung hinunterbegeben, zur Hauptaussichtsplattform. Man erreicht sie durch einen Kreiselschacht. Es trifft sich gut, daß Ihr Freund uns begleiten kann, Brigadier.«

Danecki riß die Augen auf, dann fiel ihm ein, daß er sich dem Roboter gegenüber als Brigadier Wardle ausgegeben hatte. Überdies wurde ihm klar, daß jemand in der Nähe sein mußte.

»Freund?« fragte er.

»Sie hatten mich gebeten, einen jungen Mann ausfindig zu machen, Sir. Körpergewicht hundertfünfundfünfzig. Wäre das ein Mr. Danecki, Brigadier?«

3

Dross schob seinen Wanst vor sich her, außer sich vor Zorn über Mrs. Zulkifar.

»Madam, ich bin Doktor Dross!« dröhnte er. »Nicht Ihr Führer, wie Sie das nennen! Und wenn Sie hier nur eine halbe Stunde zu warten hatten, können Sie sich glücklich schätzen. Sie haben die Gelegenheit, die großartigste Leistung archäologischer Wissenschaft in der modernen Galaxis zu erleben, Madam. Und ich, Dross, bin dabei, sie zu erbringen!«

»Kommen Sie mit?« erkundigte sich Khalia leise bei Knaggs.

Er zögerte. »Wenn Sie wollen.«

»Bitte.«

»Hierher!« brüllte Dross mit unnötig lauter Stimme. Mrs. Zulkifar hatte er zum Schweigen gebracht. »Wir gehen zu meiner wesentlichen Entdeckung, der Hauptaussichtsplattform dieser einmaligen Festung.«

Er führte sie durch den prasselnden Regen zu einem Loch im Boden. Khalia blickte hinein. Die Öffnung enthielt einen wabernden, farbigen Wirbel von Kraftfeldern.

»Und was ist das, wenn ich fragen darf?« sagte Mrs. Zulkifar.

»Das, Madam, ist ein Kreiselschacht«, erwiderte Dross.

»Sehr interessant.«

Ihr Sarkasmus entging Wardle. »Eines von den Originalsystemen, wie, Doktor? In gutem Zustand, wenn das zutrifft!«

»Nein«, sagte Dross. »Ein kürzlich eingebautes System. Mein Ingenieur, Mr. Knaggs, hat es von der Zentrale kommen lassen. Er baute es ein. Es erspart uns viel körperliche Anstrengung.«

»Ganz ungefährlich«, sagte Knaggs zu Mrs. Zulkifar. »Wird ständig gewartet. Alle antiken Denkmäler haben für solche Anlagen feste Wartungsprogramme.«

»Sie mögen es vorziehen, sich durch die verschiedenen Etagen selbst einen Weg zu suchen, oder Sie können hier im Regen bleiben«, erklärte Dross. »Ihre Entscheidung ist mir völlig gleichgültig.«

Mrs. Zulkifar folgte der Richtung seines ausgestreckten Arms. Ein Schlitz in einer klippenartigen Metallwand war die einzige Öffnung. Es mochte Handgriffe geben oder auch nicht. Es sah unheimlich und gefährlich aus.

»Ich würde es nicht versuchen«, sagte Knaggs. »Ich arbeite

schon seit Jahren hier und würde mindestens eine Viertelstunde brauchen, um hinunterzugelangen.«

Mrs. Zulkifar schnippte Regentropfen von ihrer eleganten Nase.

»Ich habe mich nicht beklagt«, sagte sie. Sie trat auf den Schacht zu. »Ich möchte mich nur stets vergewissern, wo ich hintrete. Uh!«

Mr. Mondmann ließ sich nicht anmerken, daß ihr Ausruf darauf zurückzuführen war, daß sie ihn zufällig gestreift hatte.

Danecki stürzte in den klaffenden Spalt, der in das Oberflächenbauwerk gerissen worden war. Er spürte verrottete Pflanzen unter den Füßen, dann fiel er durch tiefe Dunkelheit, ruderte verzweifelt mit den Armen, um irgendwo Halt zu finden. Er stürzte in einen seichten, schlammigen Teich, der seinen Sturz milderte.

»Touristen dürfen dieses Gebiet nicht betreten, Sir!«

Der Roboter bewegte sich trotz seines knarrenden Alters sehr schnell.

»Wo ist der andere – Danecki?«

»Meine Sensoren sind in dieser Tiefe behindert, Sir. Meine letzte Ortung erfaßte ihn in der Umgebung des Empfangsbereichs. Sie müssen dorthin zurückkehren, Brigadier. Kommen Sie, Sir.« Er ergriff seinen Arm.

»Nein!«

Die Knochen in seinem Arm krachten, als er sich losriß. Er rannte wieder, ohne zu überlegen. Der letzte Jacobi kam immer näher. Und er hatte noch immer keine Waffe. Die unteren Stockwerke des Forts waren von trübem Licht durchdrungen. Ein Teil davon kam von oben, wo das schwache Tageslicht durch Risse in den oberen Etagen drang; ebensoviel wohl vom eigenen Energiesystem des Forts, das nach wie vor funktionierte: kleine, unabhängige Beleuchtungsanlagen, die auf Daneckis Erscheinen reagierten.

»Danecki!« rief eine schrille Stimme. Es war ein furchtbarer Schrei des Zorns und der Verwirrung. »Danecki, Sie haben meinen Bruder umgebracht!«

»Mr. Danecki! Brigadier Wardle!« rief der Roboter. Er unterbrach die Verfolgung, und die Elektronen rotierten wild um seine alte Hirnrinde. »Sie müssen zu Doktor Dross gehen!«

Danecki, der Roboter und der junge Mann rasten durch die hallenden Korridore, über verzogene Decks, vorbei an riesigen Spulenmaschinen, die zum Stillstand gebracht worden waren, als sie glühende Klumpen gegen den Feind hatten schleudern wollen.

Danecki erhaschte einen Blick auf den agilen Jungen, der plötzlich hinter einem drei Meter hohen Zylinder auftauchte. Er duckte sich und huschte davon, als die lange Waffe hochgerissen wurde. Geschmolzenes Metall bespritzte die Stelle, wo er einen Augenblick lang stehengeblieben war.

»Schußwaffen sind nicht gestattet!« schrie der Roboter verwirrt.

»Entwaffne ihn!« brüllte Danecki.

Der Roboter setzte zu einem Ausbruch schrillen elektronischen Unsinns an, plapperte in die hallenden Gewölbe des zerstörten Forts. Er verstummte abrupt, als Jacobi die Waffe auf seinen stumpfgrünen Körper richtete.

»Danecki!« kreischte Jacobi.

Aber Danecki hatte in einer versteckten Nische einen abfallenden Korridor entdeckt und lief auf aschebedeckten grauen Bahnen immer tiefer hinunter in die Ruine.

Ein Windstoß fegte in die Zuflucht bietende Metallhöhle. Er blies Khalias Rock hoch und entblößte ihre festen, weißen Schenkel. Brigadier Wardle brummte anerkennend.

»Ich weiß nicht, ob ich nicht lieber umkehren sollte«, sagte Mrs. Zulkifar, als sie sah, wohin Wardles Blicke gingen.

»Bleiben Sie hier oben, wenn Sie wollen!« sagte Dross.

Bevor die ersten schwachen Quietschlaute und einzelne Lichtfunken anzeigten, daß der Tunnel sie durch die oberen Schichten des Forts beförderte, sprühte eine Regenbö ein paar dicke Tropfen auf Khalias hochgehobenes Gesicht. Ganz ohne Grund erfüllte sie ein Gefühl der Angst. Sie bemerkte, daß auch Mr. Mondmann Angst hatte. Das zeigte sich an der gemessenen Art, wie er die Entfernung zwischen dem schwarzen Tunnelschacht und den aufblühenden winzigen Lichtklümpchen abschätzte, wo der Transport lief. Es zeigte sich auch an einer kleinen Kopfbewegung zum düsteren Himmel hinauf.

»Kalt, Miss?« fragte Knaggs.

»Eigentlich nicht. Aber es ist ein bißchen geheimnisvoll und unheimlich.«

»Aber sicherlich ungefährlich«, meinte der Brigadier.

»Das hoffe ich«, sagte Mrs. Zulkifar. »Ich habe mich schon oft gefragt, was passiert, wenn diese Anlagen versagen.« Sie wies mit ihrer juwelengeschmückten Hand auf die schimmernden Schachtwände.

Dross betrachtete sie eingehend. Plötzlich sagte er: »Bumm!«

Wardle starrte Dr. Dross entgeistert an. Khalia entdeckte, daß ihr der jähzornige, leibesmächtige Archäologe gefiel.

»Wie bitte?« fauchte Mrs. Zulkifar.

»Bumm!« sagte Dross etwas lauter.

»Ich weiß wirklich nicht, was Sie damit meinen!«

»Ich glaube, er meint ›Bumm‹!« kicherte Khalia. »Bumm!«

»Also!«

»Ja«, sagte Knaggs. Er blinzelte Khalia an. »Ich bin der Techniker. Ich erkläre Ihnen das. Im Augenblick verdrängen wir für einen winzigen Zeitabschnitt die Materiebestandteile. Bevor das nächste Stück fortbewegt ist, verdrängen wir den folgenden Abschnitt, der unserer Masse und Energie äquivalent ist. Wir müssen uns genau mit ›n‹ bewegen, um unser Gleichgewicht zu halten.«

»Es ist keine Geschwindigkeit«, warf der Brigadier ein, »sondern eher eine – ein –«

»Eine Umlaufbewegung«, fuhr Knaggs fort. »Eine Rotationsbewegung, die den Molekülen in der Masse, die wir ausfüllen, mitgeteilt wird.«

»Oh.« Mrs. Zulkifar gab sich nicht geschlagen. »Und wenn es aufhört?«

»Dann haben wir zwei Massen, die bestrebt sind, denselben Raum einzunehmen.«

»Bumm!« dröhnte Dross noch einmal und hob seine langen Arme, um die ganze Gruppe zu umfassen.

»Jetzt weiß ich, daß ich nicht hätte herkommen sollen«, sagte Mrs. Zulkifar. »Brigadier, haben Sie nicht auch eine schlimme Vorahnung, was diesen Ausflug angeht?«

Wardle lachte. »Ja! Eine Vorahnung, ja! Ich habe von diesem Fort gehört, als ich im Vandersberg-Komplex stationiert war, und ich warte seit zehn Jahren darauf, es zu sehen. Ich habe eine Vorahnung, aber nur von spannenden Erlebnissen und der Befriedigung intellektueller Neugier.«

»Tatsächlich?« sagte Knaggs.

Das Gewimmel der Lichter verschwand in diesem Augenblick.

»Sicher gelandet«, sagte Dross. »Und nun habe ich den Auftrag, Sie zu unterhalten. Wir gehen zuerst zur Aussichtsplattform.«

Sie folgten dem Verlauf des Kampfes, traten über zerborstene Waffen und pulverisierte Haufen Substanz, die auf gräßliche Weise an die vor so langer Zeit hier gestorbenen Menschen erinnerten. Über ihnen war ein gezacktes Loch in die Wabenreihen von Büros gerissen. Große Instrumententafeln lagen verstreut, enorme

Spannträger, bizarr verbogen, zerschmettert, Wohnungen gähnten mit hellen, halb herabhängenden Möbeln, drei ungeheure Säle waren zu einem Block basaltähnlichen Stoffs zusammengeschmolzen. Dross sprach von einer Batterie Raketen, die außer Kontrolle geraten war, von einer Energieexplosion einer tragbaren Sonnenkanone, vom Kampf Mann gegen Mann, der die schwarzen Haufen erstarrten Stoffs zurückgelassen hatte, wo Gruppen von Männern und Frauen zugrunde gegangen waren.

»Nahkampf, Doktor?«

Wardle sprach ganz ohne Arroganz. Khalia sah ein, daß hinter seiner pedantischen Art eine solide Grundhaltung verborgen war und daß Wardle seine guten Seiten hatte.

»Das sagte ich.«

»Weshalb überrascht Sie das?« fragte Mr. Mondmann.

»Das Ziel eines jeden Angriffs ist es, den Feind zu vernichten«, erklärte Wardle. »Es hätte keinen Sinn, Truppen hier einzusetzen, wenn sie nicht einen ganz bestimmten Zweck zu erfüllen hätten. Es war zweifellos unnötig, sie hineinzuschicken, damit sie die Zerstörung des Forts vollendeten.«

Sie kamen an einem Arsenal vorbei, das säuberlich in zwei Hälften gespalten worden war. Zerfetzte Lagertanks standen in Reihen hintereinander.

»Die Streitkräfte der Konföderation wollten die Einrichtungen des Forts intakt übernehmen«, antwortete Dross schließlich. »Hätten sie gewollt, wäre es ihnen ein leichtes gewesen, das Fort dem Erdboden gleichzumachen. Sie glaubten, das Opfer von acht Eliteregimentern in einem massiven Angriff lohne sich, um zur gewaltigsten Waffe zu gelangen.«

»Das Verborgene Fort, Doktor?« sagte Wardle.

»Allerdings, Brigadier. Das Verborgene Fort.«

»Ich weiß nicht, wovon Sie reden«, meinte Mrs. Zulkifar. »Haben wir noch weit? Und ich kann nicht behaupten, daß ich sehr daran interessiert wäre, noch weitere Militärstützpunkte zu sehen. Eigentlich ist einer doch wie der andere, nicht?«

»Nein, Madam«, sagte Dross. »Der hier nicht.«

»Sie meinen, es gibt hier noch ein Fort? Ein zusätzliches?«

»Durchaus möglich, Madam.«

»Mehr noch«, sagte Wardle. »Mehr als möglich, wie, Doktor? Ohne eine gewisse Grundlage gäbe es keine Legende, oder?«

»Die Legende ist zu fundiert, als daß das Verborgene Fort hier durch bloßen Zufall vermutet würde. Ganz gleich, wie sehr die

Legende die wahren Tatsachen verfälscht, ich kann mich der Schlußfolgerung nicht entziehen, daß es hier irgendwo eine vermißte Armee von Robotern gibt.«

»Und der andere Hinweis, Doktor?« fragte Wardle. »Die Grube, Sir? Ein unterirdischer Silo, meinen Sie nicht?«

»Höchst wahrscheinlich«, sagte Dross.

»Jetzt kenne ich mich gar nicht mehr aus«, sagte Mrs. Zulkifar.

Sie traten in einen kleinen Raum, der die Gruppe gerade aufnahm. Selbst hier war die Heftigkeit des uralten Konflikts unübersehbar. Dross' eigene Ausrüstung stand in der Mitte.

»Unglaublich!« sagte Wardle.

»Die komplette Befehlszentrale«, sagte Dross stolz. »Wir haben sie erst dieses Jahr entdeckt. Von hier aus kann die gesamte interplanetarische Lage überwacht werden. Alle drei Planeten!«

»Und trotzdem ging sie unter«, sagte Mr. Mondmann.

Dross sah den Wiederbelebten an.

»Ja, Sir«, sagte er förmlich, »so war es.«

»Obwohl die legendäre Armee einsatzbereit gewesen ist«, warf Khalia ein.

Dross' Augen glitzerten.

»Ja, meine Liebe! Ich sehe, Sie haben mehr als das übliche oberflächliche Interesse an der Konföderation.«

»Es ist eine schreckliche Geschichte. Und die Umgebung hier wirkt spukhaft.«

»Aber interessant ist sie«, begeisterte sich Wardle. »Wie war das gleich? Ah, ja. ›Am Ende werden die Regimenter der Nacht erscheinen.‹«

»Das haben sie aber nicht getan«, meinte Mrs. Zulkifar naserümpfend.

»Das ist das größte aller Rätsel!« sagte Dross. »Ja. ›Am Ende werden die Regimenter der Nacht erscheinen.‹ Und es gibt, wie der Brigadier schon sagte, eine dürftige Quelle, die davon ausgeht, sie seien in eine ›Grube‹ gefallen.«

»Ich dachte, das sei eindeutig als falsch bewiesen worden, Doktor«, meinte Wardle. »Es bezog sich doch sicherlich auf einen Silo – einen unterirdischen Hangar oder was auch immer?«

»Eben das ist das Ziel meiner Forschungsarbeit. Ich weiß Ihr Interesse zu schätzen, Sir. Vielleicht können wir uns nach der Besichtigung darüber unterhalten?«

»Mit Vergnügen.«

»Dazu wird kaum Zeit sein«, sagte Mrs. Zulkifar. »Ich erwarte von Ihnen, daß Sie für den rechtzeitigen Abflug des Ausflugsschiffes sorgen, Brigadier.«

»Äh – ja – äh, Emma.«

Dross starrte die Frau kalt an.

»Wie gesagt, Sir, Mr. Knaggs und ich nehmen die Ruine Stück für Stück auseinander, um die Wahrheit über das Ende der Konföderation zu erfahren. Ich habe Hoffnung, die Lösung –«

Alle hörten das schrille Geschrei des Roboters. Dross verstummte.

»Was hat Batty denn nur?« sagte Knaggs.

Jacobi hatte den Fehler gemacht, eine zu schwere Waffe mitzunehmen. Ihre Leistung stand in keinem Verhältnis zu der zu bewältigenden Aufgabe. Wo eine einfache Betäubungspistole ausgereicht hätte – sie wäre, federleicht, wie sie war, in einer Hand zu tragen gewesen –, hatte Jacobi sich mit einem langen Hitzeprojektor belastet, der eher für Scharmützel im freien Fall des Weltraums geeignet war. Aber er war jung und gewandt, während Danecki seine dreiunddreißig Jahre und den langen Marsch spürte.

Die Waffe mußte einigermaßen genau gezielt werden, aber hier sprach die Umgebung dagegen, dachte Danecki. Bäume, Felsen, sogar eine Weltraumpanzerung wären ihren heranflutenden Hitzeschockwellen nicht gewachsen gewesen. Danecki hatte sich aber immer wieder in den gewaltigen, in Ruinen liegenden Anlagen des alten Forts in Schutz bringen können. Es war dafür gebaut, einem solchen Angriff zu widerstehen.

»Brigadier, können Sie erklären, was sich abspielt?« stieß der Roboter hervor. »Sir, ich bin völlig durcheinander. Zuerst das«, sagte er und hob die alte Metallhülse mit ihrer schlammverkrusteten Patina hoch, »und dann dies!«

Danecki nickte, darauf gefaßt, zur Seite zu springen, als das letzte Mitglied des Clans ihn zu überflügeln versuchte, dort, wo er geschützt in einem schmalen Spalt zwischen zwei Teilen eines Computersystems lag. Kein Wunder, daß sich der Roboter nicht mehr auskannte. Der junge Jacobi hatte ihn in ein halbseitiges Wrack verwandelt. Mehr als die Hälfte der rechten Seite des Roboters war durch die Hitzepistole auf den grauen Boden hinabgetropft.

»Ich glaube, mein Freund ist einer Psychose erlegen«, sagte Danecki. »Um dich und mich zu schützen, solltest du uns an einen sicheren Ort bringen.«

Das Problem dabei war, daß der Roboter nicht nur einen Teil seiner Bewegungsfähigkeit, sondern auch seiner Datenspeicher verloren hatte.

»Ich bin verwirrt«, gestand der Roboter.

»Gibt es denn keine Möglichkeit, sich in Sicherheit zu bringen? Wir müssen das Fort verlassen, ohne daß Danecki es bemerkt. Oder wir müssen eine Waffe für mich finden.«

»Keine Waffen, Sir!« ächzte der Roboter. »Feuerwaffen sind unter keinen Umständen gestattet!«

Jacobis Zielgenauigkeit nahm zu, und ein Teil des Computers neben Danecki zerfloß. Er sah einen Strom rötlichen Metalls träge von sich fortfließen.

»Und ein Weg nach draußen?«

Der Roboter raffte sich auf sein gesundes Bein und hüpfte aus dem Riß zu einem kaum erkennbaren Durchgang. Jacobi spürte die Bewegung und erzeugte den nächsten Schwall dampfend-flüssigen Metalls. Danecki sprang darüber und wäre beinahe in die glühende Pfütze gefallen.

»Doktor Dross!« brüllte der Roboter. »Doktor Dross!«

Danecki stürzte dem wild hüpfenden Automaten nach. Er sah, wie ihn das uralte Gesicht in der unversehrten Hand des grünbronzenen Roboters anstarrte. Es blickte finster wie ein empörter Zuschauer, der dem schrecklichen Spiel nicht mehr zu folgen vermochte.

Der Roboter wirbelte auf einem Bein herum, kam zum Stillstand, betrachtete den halbzerstörten grün-bronzenen Körper und sprang in die Luft. Dann versuchte er sich zu überschlagen, raste lärmend durch die hallenden Gänge und störte einen Schwarm Fledermäuse auf, die ein großes Gewölbe besetzt hielten. In einem Augenblick geistiger Klarheit rief er Danecki zu: »Ich bedaure das Fehlen eines Kommentars bei der Besichtigung, Sir! Zweifellos wird Doktor Dross –«

Er erkannte seine absolute Unfähigkeit, der Lage Herr zu werden. Er begann zu heulen, ein furchtbares, zitterndes, schrilles Heulen, das durch einen langen, trüb erleuchteten Korridor drang; die Schreie wurden von fernen Echos und der kreischenden Antwort der erschreckten Fledermäuse aufgenommen.

Der Roboter bewegte sich auf einen Durchgang zu. Danecki folgte ihm.

Eine kleine Gruppe von Personen starrte ihn verblüfft an.

4

Knaggs fand als erster die Sprache wieder.

»Ihr Siedler habt hier nichts zu suchen! Wie zum Teufel sind Sie durch das Fort gekommen?«

»Erklären Sie gütigst, wie Sie hierherkommen!« sagte Dross.

»Batty!« rief Knaggs, der den Roboter erst jetzt richtig sah. »Wie zum Donner –«

Batibasaga stelzte unter Getöse zu Dross und Knaggs. Mr. Mondmann zuckte zurück, als der Roboter den alten Schädel vor Dross hochhob. Mrs. Zulkifar schrie auf und versteckte sich hinter dem Brigadier. Khalia, die den blut- und schlammbedeckten Danecki angestarrt hatte, fühlte, wie hysterisches Lachen in ihrer Kehle emporstieg.

Knaggs stotterte ungläubig beim Anblick des grotesken Roboters. Dross konnte seiner Verblüffung ebensowenig Ausdruck geben.

»Doktor Dross?« sagte Danecki und ergriff die Gelegenheit beim Schopf. Wäre die Situation nicht so verzweifelt gewesen, sie wäre ihm komisch vorgekommen. Seine Kleidung hing in schmutzigen Fetzen herab, an Armen und Beinen blutete er aus einem halben Dutzend Schürfwunden, seine Haare klebten durch den Regen am Kopf, er wußte, daß seine Augen gehetzt glitzerten.

»B-B-Batty!« stammelte Knaggs. »Was ist passiert?«

Dross übernahm das Kommando.

»Wer sind Sie?« fragte er scharf. »Und wie hat sich das abgespielt?«

Für ausweichende Antworten war keine Zeit. Danecki entschied, daß er dem Archäologen vertrauen konnte.

»Danecki. Lizenziertes Opfer. Ich muß hier 'raus.«

»Opfer!«

Khalia wurde hysterisch. Sie schrie auf, einmal, zweimal, dann hielt Knaggs sie fest und redete beruhigend auf sie ein.

Sie hatte von den barbarischen Gebräuchen im Antares-Sektor gehört. Die lizenzierte Blutrache wurde nur in derart primitiven Gesellschaften geduldet. Sie starrte Danecki an und bemerkte jetzt die Müdigkeit in seinen Schultern. Der Mann war gezwungen worden, zum Tier zu werden.

»Sie gehören nicht zu den Siedlern!« stieß Knaggs hervor. »Wie sind Sie dann hergekommen?«

Dross blickte nachdenklich zur Tür.

»Im Augenblick ist das wirklich nicht so wichtig, Mister Knaggs. Ich meine, der junge Mann hat uns einiges zu erklären, aber das hat Zeit. Worauf es zunächst ankommt, ist, daß er gejagt wird.«

»Ja«, sagte Wardle. »Was ist mit dem Roboter geschehen? Hitzewaffe?«

»Ich glaube, auch das hat Zeit, Brigadier«, warf Dross ein. Er wandte sich an Danecki. »Wo ist Ihr lizenzierter Henker?«

Danecki spürte an den durchdringenden, halb furchtsamen Blikken, daß die Männer und Frauen in dem kleinen Raum wußten, daß sie einen Killer vor sich hatten. Aber wie konnte er hoffen, sie in ein paar Minuten davon zu überzeugen, daß er bis vor einem Jahr ein ganz gewöhnlicher Mensch gewesen war wie sie selbst? Ein Mann mit einem geordneten, angenehmen Leben, bis der schreckliche Unfall als kleine Unterbrechung bei der Aufgabe, das jährlich einmal verkehrende Raumschiff durch den Sektor zu steuern, begonnen hatte. *Unfall?* Es war kein Unfall gewesen, jedenfalls nicht nach Meinung der Jacobis. Aber man konnte das nicht erklären, weil niemand es begreifen würde, der nicht am Ritual der Jagd beteiligt war. Sobald man lizenziertes Opfer wurde, hörte man auf, als menschliches Wesen zu existieren. Man lernte zu vegetieren.

»Wo ist er?« fragte Dross. »Der Mann, vor dem Sie fliehen?«

»In der Nähe.«

»Sie bringen uns alle in Gefahr!« ereiferte sich Mrs. Zulkifar. »Ich kenne diese Jagden! Sie dürfen nur im Weltraum stattfinden! Nicht dort, wo Unbeteiligte gefährdet werden. Sie haben kein Recht, uns mit hineinzuziehen!«

Dross beachtete sie nicht.

»Sie haben uns alle in Gefahr gebracht«, sagte er. »Die Blutrache ist aber eine gemeine Verhöhnung jeder Menschlichkeit, und Sie können auf unsere Hilfe rechnen.«

Batibasaga hüpfte zur Tür. Dort lauschte er.

»Körpergewicht etwa hundertfünfundfünfzig«, sagte er. Er drehte sich langsam um sich selbst. »Kommt näher.«

Danecki begriff sofort, Dross den Bruchteil einer Sekunde später. Von den anderen erkannte nur Wardle, was der Roboter meinte, Danecki sprang zur Tür.

»Was ist denn?« rief Mrs. Zulkifar. »Was geht hier vor? Das ist ungeheuerlich!«

Der Roboter antwortete mit erstaunlicher Höflichkeit: »Das vermißte Mitglied Ihrer Gruppe ist hier, Madam.«

Und so sah der letzte Jacobi sie: einen Ansturm vieler Gestalten, als er die lange Hitzewaffe hochhob. Er mußte völlig abgelenkt gewesen sein, jedenfalls bemerkte er den Roboter an der Seite des Durchgangs nicht.

»Mörder!« brüllte er, als er Danecki vorstürzen sah.

Die Waffe senkte sich.

Danecki sah den glühenden Punkt an ihrem Ende.

Im winzigsten Bruchteil der Zeit würde dieser Punkt zu einem fauchenden Blitz erblühen und ihn verkohlen. Er hörte eine der Frauen irr aufschreien. Dross' Stimme dröhnte. Der Roboter handelte.

Batibasaga zuckte mit einer grotesken und erschreckend schnellen Bewegung hoch. Er fing den Fusor-Blitz mit dem Rest seines Brustkorbes auf. Gleichzeitig schnellte aus dem Roboter ein skelettartiger Arm hervor und riß den Jungen von den Beinen.

Lärm dröhnte in Daneckis Ohren; seine eigene Stimme, brüllend; Wardles und Dross' Schreie; angstvolles Kreischen; und dann das dünne Pfeifen der unheimlichen Waffe.

Der lange Fusor rollte über den Boden, scheinbar aus eigenem Willen, und der Raum war vom gespenstischen Licht seines Feuers erfüllt. Lärm und Licht schienen den Raum auf eine völlig andere Daseinsebene zu heben, wo es kein Ende für das Blitzen der Hitzewaffe und das Entsetzen der Menschen gab.

»Los, Batty!« schrie Knaggs.

Aber der Roboter schnatterte sinnloses Zeug und steigerte die Verwirrung noch durch sein schrilles Heulen.

»Guter Gott, Doktor, sehen Sie, da!« brüllte Wardle an Daneckis Ohr.

Die Hitze und die Sprengkraft hatten die Rückwand des schon schwer betroffenen Raumes zerschmettert. Metall rann rot, und in der Wand gähnte ein Loch. Dross antwortete Wardle, aber seine Stimme ging im Getöse unter. Danecki sah durch das Loch eine Anzahl von Hebeln. Dann erglühten auch sie rot und weiß und zerrannen.

»Steuerung!« kreischte Knaggs. »Hol die Waffe, Batty! *Hol sie!*«

Und noch immer spuckte die schreckliche Waffe Feuer.

Der verkrüppelte Roboter handelte endlich. Er wurde zu einer wirbelnden, metallenen Vogelscheuche, als er über Dross und den kleinen Ingenieur hinweghüpfte. Khalia spürte, wie sich die Haut an ihrem Gesicht spannte, als die schmelzende Wand Hitze in den Raum abstrahlte. Sie sah Danecki dem Roboter folgen, als dieser auf den zuckenden, schmalen Lauf des Fusorgewehrs zusprang. Dann hatte Danecki den halb bewußtlosen Jacobi in seinen großen Händen und der Roboter die Waffe.

Danecki, der entsetzte Mr. Mondmann, Dross, Wardle, sogar der betäubte Jacobi – alle erstarrten, hypnotisiert vom bizarren Ergebnis der zerstörten Steuerung. Mrs. Zulkifar erkundigte sich mit eisiger Stimme, was Danecki nun angestellt habe. Khalia wußte, daß in der alten Aussichtsstation etwas Unheimliches, Unausweichliches geschah.

Inmitten der zerschmolzenen Wände und der zerstörten Maschinen nahm ein neues Gefüge Gestalt an. Es baute sich auf, ein Würfel aus eisenschwarzen Kraftfeldern. Grobe, wirbelnde, rotierende, mahlende Kräfte begannen den Raum zu schütteln: Der Würfel entstand außerhalb der kleinen Aussichtsplattform, und beinahe schlagartig war er in ihr und umgab die Gruppe entsetzter Männer und Frauen. Den Zuschauern schien es, als versuche ein böses Wesen, seine Macht in den Ruinen des gigantischen Militärstützpunktes durchzusetzen.

Knaggs erkannte, was es war.

»Zurück!« zischte er. »Durch die Tür!«

Er stieß Khalia grob zum Ausgang. Sie sprang, aber es gab keinen Ausgang mehr. Der Würfel war nicht nur im Raum; er *war* der Raum.

»Ein Kraftfeld!« schrie Wardle. »Doktor, der Teufel soll mich holen, wenn hier nicht Maschinen am Werk sind!«

Der Würfel hielt sie nun in einem peitschenden Nebel schwarzen Lichts gefangen. Im Geflecht der Kräfte rangen sie um Verständnis.

»Versucht hinauszukommen!« schrie Knaggs. »Das ist ein Kreiselschacht! Keiner von unseren!«

»Stimmt!« Dross war außer sich vor Erregung. »Ein primitives Artefakt?«

»Ja!«

Knaggs stürzte sich auf den Würfel. Dieser schien unter dem Anprall nachzugeben und zu schwanken, dann schleuderten Knaggs rohe Kräfte mit unglaublicher Heftigkeit gegen den jungen Jacobi. Danecki hörte Knochen brechen; die Schreie der Verwirrung und des Schocks kamen.

Der Lärm war unerträglich, schlimmer als das erste Getöse, wenn das möglich war. An den Kanten des Würfels stürzten knirschend rotierende Moleküle zusammen. Der Boden kippte unter ihnen. Jacobi schrie in Angst und Schmerz auf, während Knaggs' dünne Schreie verrieten, wie schwer er verletzt worden war.

Danecki sah Dross lächeln. Dross wußte, was geschehen war. Als der Zugriff des Kreiselschachts stärker wurde und sie hinabzustürzen begannen, erkannte Danecki, daß zumindest ein Mann mit seiner Jagd Erfolg gehabt hatte.

Khalia sah den Arm des Jungen brechen. Er lag eingeklemmt in dem Durcheinander von Leibern, und als Knaggs im Gewebe der Kraftfelder durch die Luft katapultiert wurde, nahm der Arm die ganze Wucht des Aufpralls hin. Khalia sah Knaggs zusammenstürzen, Dross über dem Gewirr der Leiber das Gleichgewicht verlieren, Mrs. Zulkifar mit einem Ausdruck völliger Verwirrung nach hinten kippen; der grimmige Mann mit den wilden Augen hielt als einziger das Gleichgewicht gegen die Kräfte, die sie in den Grenzen des mahlenden Fallschachtes festhielten. Dann spürte auch Khalia das leichte, mächtige Schwanken des Tunnels. Sie streckte instinktiv den Arm aus und fühlte, wie er ergriffen wurde.

»Nur ruhig«, hörte sie Danecki sagen. »Es spielt keine Rolle, wenn Sie nicht auf den Beinen bleiben. Entspannen! Wir befinden uns fast im freien Fall.«

Danecki wunderte sich über die Ruhe in seiner Stimme. Er drückte Khalias Hand und hielt sie fest.

»Was ist das?« fragte sie. »Was ist geschehen? Haben Sie das hervorgerufen?«

Er konnte die Worte nicht hören, las sie aber an ihren Lippen ab.

»Das Fort«, antwortete er. »Kreiselschacht. Er hat uns erfaßt. Er nimmt uns mit.«

»Wohin?«

Danecki zuckte die Achseln und verlor das Gleichgewicht. Sie drehte sich mit ihm, ließ seine Hand nicht los.

»Unter die Erde!« schrie er. »Hinab!«

Er sah, daß sie begriff. Sie versuchte, sich auf Knaggs zuzubewegen. Der kleine Ingenieur hatte ein wächsernes Gesicht, wie Danecki es gut kannte.

Danecki schob das Mädchen an und benutzte den bebenden Körper von Mr. Mondmann, um sich abzustoßen. Khalia erreichte Knaggs und versuchte ihn unter Dross hervorzuziehen. Dross brüllte etwas; Khalia wollte zurückschreien, als die unebenen Tunnelwände so dröhnend zu knirschen anfingen, daß alle Insassen verzweifelt versuchten, sich mit Händen oder Armen die Ohren zuzuhalten.

Danecki sah betäubt, wie sich ungeheure Energien im Tunnel aufstauten. Schwarze Kraftschocks prallten gegen den Käfig, der sie umfing. Ein ungeheurer Lautstoß und splitternde Molekülscherben erschütterten den kleinen Käfig; diejenigen von ihnen, die noch bei Bewußtsein waren, wußten sofort, daß dies der kritische Augenblick des Sturzes in die Tiefe war. Die Kraftfelder, die sie umgaben, kämpften im Gefüge des alten Kreiselschachtes. Danecki griff nach dem Mädchen, aber sie hielt den schlaffen Körper des Ingenieurs fest. Er sah die Dankbarkeit in ihren Augen, als das Dröhnen zu einem blendenden, gehirnzerschmetternden Krescendo anschwoll, wo winzige Universen von Molekülen entstanden und in Pünktchen grellsten Sonnenglasts zergingen.

Und dann hatten sie die Verwerfung im Tunnel hinter sich und ruhten ganz plötzlich auf einem harten, glitzernden Metallboden.

Danecki stand sofort auf den Beinen, schaute sich forschend um. Khalia empfand Mitleid mit ihm. Auch hier, in dieser alten Höhle aus bläulichem Metall, an einem verlassenen, aufgegebenen, leblosen Ort, war Danecki zunächst und in erster Linie ein gejagtes Tier.

Dann sah sie, was die anderen den Atem anhalten ließ. Dross erholte sich, wie üblich, als erster.

»Dross hat euch Wunder versprochen!« dröhnte er. »Und hier ist das größte! Das ist der Fund eines Lebens, meine Damen und Herren – das Verborgene Fort!«

5

Sie befanden sich in einem Kontrollraum, soviel war klar.

In der niedrigen Höhle aus blauem Stahl war eine ganze Wand mit Sensorpolstern, Steuersitzen, einem riesigen blassen, dunklen Bildschirm und Peilsensoren angefüllt, eben mit dem ganzen Apparat einer mächtigen und gigantischen militärischen Anlage. Der große Raum besaß einen ganz anderen Maßstab als der zerstörte Aussichtsraum darüber; es war klar, daß sich hier das Nervenzentrum der großen Armeen der längst untergegangenen Zweiten Interplanetarischen Konföderation befand. Hier war militärisches Genie angewendet worden, nicht in der konventionellen Festung, die von den Eliteregimentern des Feindes erstürmt worden war.

Danecki prüfte automatisch die Fluchtwege.

Drei Gänge führten von einem Ende des unterirdischen Gewölbes strahlenförmig hinaus. Eine weitere Öffnung in ihrer Nähe mochte ein Ausgang sein oder auch nicht. Am anderen Ende der Befehlszentrale gab es zwei hohe, schwarze Türen. Der Kreiselschacht hatte sie hier unten abgesetzt, und von ihm war nichts mehr zu sehen. Er war wie ein lange im Schlaf befangenes wildes Tier erwacht und in den Ruinen aufgetaucht, hatte sie hinuntergeschleudert und war nach getaner Pflicht verschwunden.

»Was für ein Fund!« sagte Wardle staunend. »Gratuliere, Doktor! Unbeschädigt – unberührt! Erstaunlich! Genau wie vor tausend Jahren!«

»Vollkommen!« sagte Dross.

Er ging mit zitternden Händen auf einen Sitz zu, der offenkundig einem längst gestorbenen Kommandeur gehört hatte: Der Kommandosessel.

Jacobi starrte seinen gebrochenen Arm an, anscheinend unfähig, auch nur einen Laut von sich zu geben; er sah aus wie ein Schuljunge. Danecki ließ ihn liegen. Er stellte keine Bedrohung dar.

Mr. Mondmann lag betäubt neben dem zerschmetterten Roboter. Gesicht neben Gesicht, sahen sie aus wie seltsames Treibgut, in die Höhle aus blauem Stahl geschwemmt.

»Kann man denn nichts für Mr. Knaggs tun?« fragte Khalia. Ihre Stimme hallte durch die schimmernde, grell beleuchtete Höhle. »Er ist schwer verletzt! Sehen Sie das denn nicht?«

Knaggs hörte sie. Seine Lippen bewegten sich langsam in seinem grauen Gesicht.

Dross sank neben dem Ingenieur auf die Knie.

»Mr. Knaggs!« Er schüttelte ungläubig den Kopf. Er war plötzlich ein gebrochener, alternder Mann, der einen Freund sterben sieht.

»Wie schlimm ist es?« flüsterte er.

»Sehr schlimm«, sagte Danecki.

Dross rang hilflos die Hände. Mr. Mondmann sah zu, als Danecki das Hemd des Ingenieurs hochzog. Mrs. Zulkifar blickte in eine andere Richtung.

»Ich gehe zurück!« sagte sie. »Ich wollte gar nicht erst herkommen. Brigadier! Sie haben die Pflicht, sich für eine Dame einzusetzen!«

Sie starrte Dross trotzig an und vermied es, auf Knaggs zu blikken, der in Daneckis Armen mühsam atmete.

Sein Brustkorb war zerquetscht. Niemand konnte mit einer solchen Verletzung lange leben.

»Er braucht fachmännische Pflege, wenn er am Leben bleiben soll. Die Knochen sind in seine Lunge gedrungen, und er wird andere innere Verletzungen haben.«

Der kleine Mann zwang sich mit ungeheurer Anstrengung zum Sprechen.

»Nicht!« flehte Dross. »Wir bringen Sie nach oben. Ich habe eine vollständige chirurgische Ausrüstung«, sagte er zu Danecki.

Aber Knaggs ließ sich nicht beirren. Seine dünnen Lippen bewegten sich, blutiger Schaum bedeckte sie.

»Steuerung?« flüsterte er.

Dross sah Danecki an.

»Ich muß etwas tun! Ihn hinausbringen! Der Schacht – der Fallschacht! Wo ist die Steuerung?«

Sein Blick fiel auf den Roboter.

»Batty! Auf! Such die Kreiselschachtsteuerung. Bring uns hinaus – Mister Knaggs braucht sofort ärztliche Betreuung.«

»Ja!« rief Wardle. »Bringen wir ihn nach oben, aber schnell! Verdammt, der Roboter rührt sich nicht!«

Dross berührte den zerstörten Roboter mit dem Fuß und starrte ihn hilflos an. Der Roboter bewegte sich nicht. Als Dross ihm noch einen Fußtritt gab, stieß sein Fuß an den alten Roboterschädel, den Batibasaga herumgetragen hatte, seitdem er Danecki in den Ruinen begegnet war.

»Ein Wrack!« sagte Dross. »Der Fusor muß ihn völlig demoliert haben. Batty!«

»Ich glaube, Sie haben das geplant, Doktor!« rief Mrs. Zulkifar aufgebracht. »Das ist wirklich unerhört! Sie und dieser Bandit! Ich melde Sie alle bei der Galaktischen Zentrale. Wie wollen Sie uns hier herausbringen? Können Sie die Steuerung nicht einschalten? Sie sind doch Fachmann, Doktor!«

Knaggs lauschte.

»Seid still!« zischte Danecki. »Seid alle still!«

». . . Steuerung . . . berühren!« Die Stimme war kaum zu verstehen.

Dross bückte sich hinunter.

»Bitte, nicht sprechen, Mister Knaggs! Wir finden schon heraus, wie die Steuerung bedient werden muß – ja, sie ist hier! Das ganze Verborgene Fort ist hier! Wir haben es gefunden, Sie und ich, Mister Knaggs!«

Aber Knaggs wollte sich nicht in die Bewußtlosigkeit zurücksinken lassen. Er bäumte sich auf.

»Dann machen Sie sich an die Arbeit!« befahl Mrs. Zulkifar.

Sie sah Daneckis Augen und verstummte.

»Er ist Ihr Systemtechniker, nicht wahr?« sagte Danecki.

»Ja. Und mein Freund.«

»Dann passen Sie auf. Er versucht uns über die Systeme hier unten etwas zu sagen.«

Knaggs' getrübte, aber noch immer helle Augen weiteten sich. Er hörte und verstand.

Als es ihm nach einer gewaltigen Anstrengung gelang, zu sprechen, klang seine Stimme deutlich.

»Die Steuerung nicht anrühren – die Steuerung nicht anrühren!«

»Verstanden«, sagte Danecki. »Die Steuerung nicht anrühren. Weshalb nicht ? Wir wollen Sie zu einem Chirurgiegerät bringen.«

»Laßt ihn!« flüsterte Khalia. »Es ist eine Qual für ihn, zu atmen!« Danecki empfand Mitleid für ihre jugendliche Unschuld.

»Warum nicht?« wiederholte er.

»Zer . . . zer . . .«, murmelte der kleine Mann. »Zerstörungsschaltkreise. Unbefugtes Personal. To . . . To –«

»Totale Vernichtung?« sagte Danecki. »Das Fort ist an einen Schaltkreis angeschlossen, der es vernichtet, wenn ein Unbefugter die Steuerung betätigt?«

»Ja«, flüsterte Knaggs.

Seine Augen schlossen sich, und er schien eine Art Frieden gefunden zu haben.

Jacobi begann zu stöhnen.

Khalia sah Daneckis Blick hart werden.

»Bitte«, sagte sie. »Er ist auch schwer verletzt.«

Aber Danecki interessierte sich jetzt nicht für den Jungen. Er stand auf.

»Er stirbt, wenn ihm nicht sofort geholfen wird«, sagte er zu Dross.

Sie wandten sich beide den Instrumententafeln zu.

»Kein Roboter. Kein Ingenieur. Der Fallschacht fort. Keine Ahnung, wie wir hier herauskommen sollen«, sagte Dross langsam. »Was soll ich tun?«

»Das ist doch wohl klar!« erklärte Mrs. Zulkifar giftig. »Sie haben es fertiggebracht, uns hierherzuschaffen. Jetzt bringen Sie uns wieder hinaus!«

»Wenn ich nur wüßte, wie«, sagte Dross.

»Haben Sie doch Geduld, Emma!« warf Wardle ein. »Wir tun, was wir können: ich, der Doktor und, äh, Mr. Danecki. Es wird vielleicht etwas dauern, aber wir sorgen dafür, daß der arme Mr. Knaggs ärztlich versorgt wird, und zwar bald. Bald!«

Er blickte auf Khalia, die Knaggs immer wieder die Lippen abwischte. Sie alle wußten, daß er starb.

»Tut etwas!« schrie Mrs. Zulkifar. »Sucht einen Ausweg! Schaltet die Steuerung ein!«

»Ich fürchte, das wäre mehr als unverantwortlich, Madam«, sagte Dross kalt.

»Der Doktor meint, daß sich die ganze Anlage selbst zerstört, wenn wir das System einschalten, Emma«, erläuterte Wardle.

»Was können wir dann tun?«

»Wer kann einen gebrochenen Arm einrichten?« fragte Khalia plötzlich.

Danecki griff nach dem Dolch des Jungen, zerschnitt seinen Rock und legte den zersplitterten Arm frei.

Jacobi begann zu weinen, als die ersten Schockwellen durch seine gebrochenen Knochen zuckten. Danecki sah, daß Jacobi erkannte, wer vor ihm stand, und der Junge besiegte seine Agonie, so unfaßbar es erschien. Es war bemitleidenswert, aber Danecki wurde wieder an die Zeit der Verfolgung, des gewaltsamen Todes und der Alpträume erinnert.

Der Junge sah ihn neben Mr. Mondmann stehen. Er schob sich auf seinen unverletzten Arm und versuchte Danecki den Dolch zu entreißen. Beinahe augenblicklich rissen ihn die zerschundenen Nerven in seinem gebrochenen Arm in die Bewußtlosigkeit, aber der Versuch war gemacht, Danecki war wieder das amtlich zugelassene Opfer. Die Kehle des Jungen lag ungeschützt. Ein Fuß auf den schlaffen Hals, ein Tritt, und es würde keine Alpträume mehr geben.

Mrs. Zulkifar brachte ihn zur Besinnung.

»Wo sind wir eigentlich, Doktor?« schrie sie. »Ich kann nicht so lange an einer Stelle sein! Mir gefällt es hier nicht.«

Danecki nahm sich zusammen, während Dross erklärte, was mit ihnen geschehen war, seitdem die Gewalt des eisenschwarzen Würfels sie aus der Ruine über ihnen hinabgeschleudert hatte.

»Madame, ob es Ihnen gefällt oder nicht, Sie sind hier. Ein Unfall von unglaublicher Bedeutung hat dazu geführt, daß wir in eine lange verloren geglaubte militärische Festung geraten sind, die noch aus der Zeit der Zweiten Interplanetarischen Konföderation stammt. Sie ist aus der Legende bekannt. Manche nannten sie das Verborgene, andere das Verlorene Fort. Jetzt ist es weder verborgen noch verloren. Sie, Madam, und wir anderen, einschließlich meines bedauernswerten Kollegen Mr. Knaggs, dürfen etwas sehen, was seit der letzten Schlacht der Irren Kriege kein menschliches Auge mehr erblickt hat!«

Sie schauten sich alle um und betrachteten die polierten Oberflächen. Wände, Boden und Decke besaßen eine schimmernde, saubere Tödlichkeit, die sich mit grimmiger, glitzernder Gewalt in die Vorstellungskraft drängte. Die große Höhle schien erst in dieser Stunde poliert worden zu sein. Danecki sah sich nach dem Jungen um, während Mrs. Zulkifar fassungslos zu stammeln begann. Er verschloß sein Ohr.

»Er braucht eine Schiene«, sagte Danecki zu Dross. »Ein Betäubungsmittel wäre gut, aber Sie haben keins?«

»Nein! Nichts. Weder für Mister Knaggs noch für den Jungen. Ich habe keine Erfahrung in diesen Dingen. Batibasaga weiß, wo alle diese Sachen sind. Können Sie nichts für ihn tun?«

Danecki traf seine Entscheidung.

Der Junge erinnerte ihn an das regenüberströmte Gesicht oben im Schlamm, an das Gesicht mit den zum stahlgrauen Himmel starrenden Augen.

»Ich schiene den Arm.«

Khalia begann zu begreifen, was es Danecki gekostet hatte, sich so zu entscheiden.

6

Wardle beobachtete Daneckis geschickte Hände, dann wies er auf die Instrumentenkonsolen.

»Das Fort könnte Mr. Knaggs retten«, sagte er. »Das ist eine sehr große Anlage. Irgendwo muß es eine vollständig ausgerüstete Krankenstation geben. Wieso nicht? Es muß Nahrung, Sanitätsausrüstung, einfach alles für eine Garnison von Hunderten geben. Wir sollten es doch auf jeden Fall versuchen, verdammt noch mal! Wir müssen es versuchen! Und was ist mit dem Kreiselschacht? Wo ist er? Verschwunden? Lazaretteinrichtungen suchen!«

Dross hob abwehrend die Hand.

»Hier wird bestimmt alles von automatischen Systemen gesteuert«, sagte er schwerfällig. »Auf irgendeine Weise sind wir in das Fort gelangt, ohne daß Alarm ausgelöst wurde. Unternehmen wir etwas, um die Steuersysteme in Betrieb zu setzen, dann würde uns das Fort sicherlich als unbefugte Eindringlinge erkennen. Ich muß mich auf Mister Knaggs Urteil verlassen und auf meine eigenen Forschungsergebnisse über die damalige Zeit. Nein, Brigadier, wir dürfen nichts anrühren! Wenn wir es tun, wird das Fort vernichtet und wir mit ihm.«

Danecki hörte, wie sich die Knochen einrenkten, und Jacobi schrie gellend auf. Danecki schiente die Stelle mit der Scheide des Jagdmessers, das der Junge am Gürtel trug. Er verband den Arm.

»Es war die äußerste Waffe«, sagte Wardle wie zu sich selbst. »Ein verborgenes Fort, das tausend Jahre überdauern konnte, das sich selbst erklärt und völlig automatisiert ist. Die letzte, nicht auffindbare Redoute. Und voll betriebsbereit nach tausend Jahren – sogar der Fallschacht funktionierte!«

»Soll das heißen, daß ich durch einen Schacht gefallen bin, der tausend Jahre alt ist?« empörte sich Mrs. Zulkifar. »Das ist ja unzulässig! Das ist mehr als gefährlich!«

»Ja das sind Sie, und es ist zweifellos unzulässig, gefährlich und wahnsinnig«, versicherte ihr Dross.

»Wo sind die ganzen Leute?« fragte sie leise.

Dross war beinahe belustigt.

»Leute?«

Es war offenkundig, daß seit Jahrhunderten kein menschlicher Fuß diesen schimmernden Boden betreten hatte. Niemand war hier unten gestorben. Es gab keine Gebeine, keine kleinen Häufchen uralten Staubs, nichts, was auf menschliches Eindringen schließen ließ.

»Wir sind die ersten seit zehn Jahrhunderten, die diese Festung sehen, Madam«, sagte Mr. Mondmann. »Seit tausend Jahren.«

»Genau!« sagte Wardle. Er wandte sich an Dross. »Wir sind die ersten! Die angreifenden Regimenter sind nie bis hierher gelangt! Kann es sein, Doktor? Daß irgendwo hier unten –«

Sie verstanden einander.

Auch Khalia wußte Bescheid.

»›Die Regimenter der Nacht‹«, zitierte sie. »Ist es das, was wir finden werden?«

»O Gott«, sagte Mrs. Zulkifar. »Sie sind alle so ruhig. Das ist doch einfach unfaßbar!«

»Sicher«, sagte Khalia.

»Aber Sie sind auch so ruhig!«

»Das heißt nicht, daß ich keine Angst habe.«

»Ich verstehe Sie nicht«, sagte Mrs. Zulkifar. »Wirklich nicht! Es ist nicht weiblich, so ruhig zu sein, nicht natürlich! Ich weiß nicht, ob es überhaupt anständig ist!«

Khalia lächelte schwach.

»Was sollen wir tun?« sagte Dross zu Danecki.

»Das fragen Sie mich? Sie sind der Fachmann, Doktor. Und der Brigadier kennt sich mit militärischen Anlagen aus.«

»Allerdings! Ich habe jahrelang das alte Festungswesen studiert.«

»Ich weiß viel«, antwortete Dross ruhig. »Ich hoffe mehr zu wissen, falls wir dieses Abenteuer unbeschädigt überstehen. Der Brigadier teilt mein Interesse an diesem bemerkenswerten Fund, wenn ich mich nicht sehr täusche.«

»Was? Aber gewiß«, warf Wardle ein.

»Ich bin die größte Autorität auf dem Gebiet der Zweiten Interplanetarischen Konföderation, Mr. Danecki. Trotzdem besitze ich soviel Einsicht, meine Grenzen zu erkennen. Sie sind zugelassener Hyperraumnavigator?«

»Das war ich. In einem anderen Leben.«

»Mit eigenem Raumschiff?«

»Ja.«

»Kleines Planetensystem – weit von der Zentrale entfernt?«

»Ja. Nicht so sehr klein, aber weit davon entfernt. Sie würden es primitiv nennen.«

»Ich würde es barbarisch nennen«, sagte Dross offen. »Und trotzdem haben Sie überlebt – wie lange?«

»Ein Jahr. Nur ein Jahr.«

»Dann sind Sie ein Experte auf den Gebieten, auf die es hier ankommt, Mr. Danecki!«

Danecki nickte.

»Ja, Brigadier. Ich weiß, daß Sie Armeen kommandiert haben«, sagte Dross. »Wir brauchen einen Mann, der sich augenblicklich selbst an bizarre Situationen anpassen kann. Einen Fachmann auf dem Gebiet des Überlebens.« Dross wandte sich wieder an Danecki. »Wie können wir überleben, Mr. Danecki?«

Khalia blickte zu den Korridoren hinüber: breite Tunnels, aber nicht hoch. Sie erlaubten Zugang für eine beträchtliche Anzahl. Wie viele? Hundert? Tausend? Was für Menschen waren die Erbauer dieses Forts gewesen? dachte sie. Welche Zukunft hatten sie sich für die Galaxis vorgestellt? Und warum war die Festung verlassen?

»Wie tüchtig ist Mr. Knaggs?« fragte Danecki plötzlich.

»Es war der Beste«, erwiderte Dross. »Ich habe nie erlebt, daß er sich geirrt hätte. Er besitzt Qualifikationen, die in der Zentrale kaum jemand aufzuweisen hat. Ich habe beobachtet, wie er Robotsysteme zerlegt und wieder zusammengebaut hat – mit einer Geschicklichkeit, die man schon fast unheimlich nennen muß. Aber darauf wollen Sie nicht hinaus, wie?«

»Was?« warf Wardle ein. »Was meinen Sie dann?«

»Es handelt sich um die Urteilskraft«, sagte Dross. »Können wir uns auf das Urteil eines Mannes verlassen, der so schwer verletzt ist wie mein Ingenieur? Können wir das, Mr. Danecki?«

Es hing von ihm ab, Danecki wußte es. Es wurde immer deutlicher, daß Knaggs nicht mehr lange durchhalten konnte; selbst ein fachmännischer Eingriff würde ihn vielleicht nicht retten, und es bestand die Möglichkeit, daß das Fort auf so schwere Fälle gar nicht eingerichtet war. *Aber es konnte sein!*

Danecki ging zu dem großen Sessel, wo ein Kommandeur der Konföderation gesessen haben mochte. Mrs. Zulkifar sah ihn die glatte Rückenlehne berühren.

»Nicht!« schrie sie. »Rühren Sie nichts an! Es könnte gefährlich sein! Überlassen Sie alles den zuständigen Behörden, wenn wir entkommen sind. Denken Sie daran, was geschah, als dieser Wahnsinnige mit dem Fusor hereinkam. Wir könnten alle umkommen! Es ist furchtbar! Hat der Ingenieur nicht gesagt, daß wir alle sterben, wenn wir etwas anrühren?«

Danecki zuckte die Achseln.

»Wir müssen ihm vertrauen«, meinte er. »Er versteht von den technologischen Systemen der Konföderation mehr als wir alle. Und noch etwas«, sagte er und wies auf die Instrumententafeln. »Das Fort wird aktiv.«

Wardle eilte heran.

»Hätte ich mir denken können«, sagte er. »Was, Doktor? Mr. Danecki? Hier sind wir Eindringlinge, und die Anlage erkennt, daß sie für die Grunderfordernisse des Lebens sorgen muß – Licht, Wärme, Luft! Energiezellen für die Stromversorgung. Ah! Zunächst dachte ich, wir würden eine Überraschung erleben – und die Nachkommen der Überlebenden der Zweiten Konföderation finden. Aber nein!«

Dross hörte nur halb zu. Wie Danecki starrte er auf die Instrumententafeln. Ein Sensor, Teil der Steueranlage vor dem Kommandosessel, bewegte sich blind hin und her. Er suchte eine Menschenhand, um Informationen über die Verfassung des Konföderationsimperiums übermitteln zu können.

»So etwas hat es schon gegeben«, fuhr Wardle fort. »Kennen Sie die merkwürdige Geschichte über Cygnus den Siebten? Ein Stamm von Primitiven glaubte, man werde sie ausrotten. Die Leute versteckten sich unterirdisch. Über dreihundert Jahre blieben sie unten. Maulwürfe! Kamen blind heraus. Hier hätte es ähnlich kommen können. Überlebende, die hier isoliert waren, vielleicht ein paar ahnungslose Soldaten oder einfaches Personal – sie hätten sich hier fortpflanzen können. Aber nein! Keine Spur von Leben! Nicht, bis wir herunterkamen!«

Er verstummte. Khalia begriff, daß er wie alle anderen auf Daneckis Entscheidung wartete.

»Wir können es nicht wagen, mit Gewalt einen Ausweg zu suchen«, sagte Danecki schließlich. »Ihr Ingenieur hat vermutlich recht. Das heißt, daß wir versucehn müssen, Hilfe herbeizurufen, bevor wir etwas anderes unternehmen.«

»Etwas anderes?« fragte Mrs. Zulkifar. »Was können wir sonst tun? Sie müssen unser Schiff von der Gefahr verständigen! Wenn Sie es nicht tun, liefere ich Sie den zuständigen Behörden aus!«

»Was Sie angeht, bin ich die zuständige Behörde«, erwiderte Danecki nur.

»Nein! Der Brigadier hier – er sollte das Kommando übernehmen. Er ist älter. Er ist ein Mann von Rang, kein Verbrecher auf der Flucht. Doktor, ich verlange, daß Sie diesen Mann auffordern, mir den gehörigen Respekt zu bezeigen!«

»Bitte, Madam, versuchen Sie doch, realistisch zu sein«, sagte Dross müde. »Denken Sie auch einmal an andere. Wir haben einen Mann unter uns, der vielleicht im Sterben liegt – zeigen Sie einmal Respekt, Mrs. Zulkifar. Überlassen Sie alles andere mir, jedenfalls zunächst einmal. Ich weiß, daß Mr. Danecki der richtige Mann ist, für uns zu planen.« Dross wandte sich ihm zu. »Also?« fragte er. »Was können wir tun, um Mister Knaggs zu retten?«

»Hilfe von Ihrem Schiff holen«, erwiderte Danecki sofort. »Selbst auf das Risiko hin, daß wir einige Systeme des Forts in Betrieb setzen.«

»Glauben Sie, daß das passiert?«

Danecki wies auf einen schwach leuchtenden Bildschirm, anscheinend Mittelpunkt der großen Kontrolltafel vor dem Kommandosessel. Die graue Leere hatte sich langsam in einen blassen, bläulichen Schimmer verwandelt.

»Die Nebensysteme schalten sich ein«, sagte er. »Wenn wir hier irgendwelche elektrischen Impulse auslösen, werden andere Systeme in Betrieb gesetzt. Es wird nicht viel nötig sein, um die Hauptsysteme zu aktivieren.«

»Warum sind sie nicht schon aktiviert?« fragte Khalia. »Warum ist das Fort nicht im Alarmzustand? Wir sind Eindringlinge, wie der Brigadier sagte. Weshalb werden wir nicht gestellt?«

»Das habe ich mich auch schon gefragt«, warf Wardle ein. »Erstaunlich, Doktor, nicht?«

Dross schüttelte den Kopf.

»Der Gedanke ist mir ebenfalls durch den Kopf gegangen«, erklärte er. »Ich habe ihn aber verworfen. Die Zweite Interplanetarische Konföderation hatte nämlich eine Sicherheitsmanie. Sie lebte durch den Roboter. Ihr Leben wurde von der Kybernetik beherrscht. Hier unterstellen die automatischen Systeme offenbar, daß wir zu Recht hier sind. Der Brigadier hat darauf hingewiesen, daß Licht, Wärme und Luft zugeführt werden. Demzufolge sind wir befugte Personen. Außerdem haben wir das Fort auf übliche Weise erreicht – durch den konföderationseigenen Kreiselschacht. Ich glaube wie Mr. Knaggs, daß wir als Unbefugte nur dann erkannt werden, wenn wir die Steuersysteme in Betrieb nehmen wollten. Bis dahin sind wir praktisch Angehörige der Zweiten Interplanetarischen Konföderation.«

»Und das alles ist tausend Jahre alt!« sagte Khalia staunend.

»Und funktioniert so exakt wie eh und je«, sagte Wardle.

»Mag sein«, meinte Danecki. »Tausend Jahre sind aber eine lange Zeit für jede Art von Maschine, und es ist kaum anzunehmen, daß sie unverändert bleibt. Wenn die Hauptsysteme laufen, gibt es sicher Schwierigkeiten.«

Knaggs stöhnte gequält.

»Die Zeit ist nicht auf unserer Seite, egal, wie man die Dinge betrachtet«, sagte Mr. Mondmann. »Kommt es nicht darauf an, die Gewißheit über Mr. Knaggs Zustand gegen die relativen Ungewißheiten der Systeme hier abzuwägen?«

Die anderen sahen ihn an. Er lächelte verlegen.

»Haben Sie einen persönlichen Kommunikator?« erkundigte sich Danecki bei Dross.

»Nein! Und wie mir das jetzt leid tut! Mr. Knaggs und ich haben uns darauf geeinigt, nie mit den verdammten Dingern herumzulaufen – wir haben sie nach Meinungsverschiedenheiten über die Arbeitsmethoden liegenlassen.«

»Brigadier!« sagte Mrs. Zulkifar. »Ist das hier nicht die Befehlszentrale?«

»Ja.«

»Und das Gerät funktioniert? Die Kommunikatoren sind in Betrieb?«

»Alles scheint in bester Ordnung zu sein«, erwiderte Dross.

»Warum benutzen wir dann nicht die Kommunikatoren der Anlage?«

»Ich dachte, das hätte ich klargemacht«, sagte Dross resigniert. »Wenn wir eines der Systeme in Betrieb zu nehmen versuchen, sprengen wir uns in die Luft.«

»Gewiß nicht, nein!« rief Mrs. Zulkifar. »Sie müssen sich irren. Trifft es denn nicht zu, daß alle Roboter den Gesetzen der Robotik unterstehen? Ist ihnen die Heiligkeit des menschlichen Lebens denn nicht einprogrammiert?«

Dross schüttelte den Kopf.

»Sie müssen mir das glauben, Madam«, sagte er. »Gesetze der Robotik! Sie können ebensogut vom Liebesleben der Roboter sprechen! Und die Heiligkeit menschlichen Lebens? Nein, Madam. Mr. Knaggs und ich haben vor ein paar Wochen den Prototyp eines Konföderationsroboters gefunden. Wissen Sie, was zu seinen Pflichten gehörte?« Er funkelte Mrs. Zulkifar an. »Er war Vorposten und hatte die Aufgabe, alles Lebendige auszuspähen, das sich an der Oberfläche näherte. Alles, einschließlich Menschen. Und dann zu töten.«

Wardle hüstelte.

»Ich glaube, der Doktor hat recht«, meinte er. »Wir müssen davon ausgehen, daß uns das Fort als Gegner betrachtet.«

»Nur, wenn wir es alarmieren«, warf Danecki ein. »Und um Hilfe herbeizurufen, müssen wir das tun.«

Khalia hörte Knaggs' rasselnden Atem. Er schien zu sterben.

»Mr. Knaggs!« rief sie.

Er sah Dross an. Seine Augen waren stumpfgraue Tiefen, von Qual erfüllt. Er versuchte zu sprechen. Sie hörten alle die gurgelnden Worte: ». . . den Roboter . . . versuchen . . . den Roboter . . .«

»Knaggs! Mister Knaggs!« schrie Dross. Er sank neben ihm auf die Knie. »Wenn ich gewußt hätte – Sie haben zugehört! Sie wissen, wovon wir reden!«

»Sie wissen, daß wir Hilfe brauchen?« flüsterte Danecki und

starrte in Knaggs' Augen. »Sie wissen, daß wir Hilfe herbeizitieren müssen, bevor das Fort aktiv wird?«

»Nicht sprechen!« stieß Khalia hervor.

Knaggs schloß die Augen. Unverständliche Laute drangen über seine blutleeren Lippen.

»Sie sagten, wir sollten es mit dem Roboter versuchen«, drängte Danecki. »Vorher sagten Sie, wir dürften die Steuerung nicht anrühren.«

Die Lippen bewegten sich.

Mrs. Zulkifar begann zu wimmern.

»Was sollen wir tun?« flüsterte Khalia.

Sie warteten stumm. Knaggs hauchte zwei Silben, dann verlor er das Bewußtsein.

»Nun?« knurrte Wardle. »Was hat er gesagt, Mann?«

Danecki stand auf. Er starrte den demolierten Roboter an.

»›Batty‹«, sagte Danecki nach einer langen Pause. »Mr. Knaggs sagte ›Batty‹.«

7

»Aber der Roboter ist doch zerstört! Total unbrauchbar!«

»Trotzdem ergibt das einen Sinn«, meinte Dross. »Ich nehme an, Sie schlagen vor, daß Batibasaga halbwegs wiederhergestellt werden soll, Mr. Danecki?«

»Ich versuche es.«

Wardle berührte den regungslosen Roboter.

»Das scheint mir aussichtlos zu sein.«

»Mr. Danecki ist eine Art Systemingenieur«, erklärte Dross. »Er kennt sich mit Modellen wie Batibasaga ziemlich gut aus. Außerdem ist Batty kein wirklich hochentwickelter Automat wie manche Roboter in der Zentrale. Als man uns ein Gerät erster Klasse zugestand, nahmen wir an, wir würden etwas ganz Modernes bekommen. Aber Batty ist beinahe selbst ein Museumsstück.«

»Ich hätte selbst darauf kommen müssen«, sagte Danecki. »Logisch ist es auf jeden Fall. Nur ein überlegener Roboter kann sich ohne Gefahr mit diesen Robotersystemen einlassen.«

»Dann holen Sie uns hier heraus?« fragte Mrs. Zulkifar.

»Ich werde mein Bestes tun.«

Er sah, daß Jacobi wieder bei Bewußtsein war, beachtete ihn aber nicht, sondern trat auf den halbzerschmolzenen Roboter zu.

Khalia hätte ihn am liebsten vorwärtsgetrieben. Das Fort wurde lebendig. Tief in dem riesigen, uralten Komplex wurden seltsame heulende Laute hörbar. Einmal ließ ein hohles Pochen die ganze Gruppe erstarren. Die Sensoren vor dem Sessel bewegten sich wie blinde Ratten und suchten die Hände des Kommandeurs. Der große, blaue Bildschirm pulsierte.

Knaggs sah und hörte nichts. Von seinen Lippen rann ein Blutfaden hinab. Khalia wischte ihm von Zeit zu Zeit den Mund. Wie lange konnte er noch durchhalten? Schnell! betete sie. Und im stillen: Sei vorsichtig!

»Ich nehme Kontakt mit Ihrem Schiff auf, bevor ich etwas anderes versuche«, sagte Danecki. »Sehen Sie in Mr. Knaggs' Taschen nach. Vielleicht hat er Werkzeug bei sich.«

Sie fand nichts.

Danecki griff nach dem Dolch Jacobis. In seinen Händen wurde er zu einem Werkzeug. Das glänzende Gehirn im Roboter kam bald zum Vorschein.

»Unbeschädigt!« sagte er verblüfft.

»Gott sei Dank!« rief Mrs. Zulkifar. »Tun Sie Ihre Pflicht, Doktor – Sie müssen versuchen, uns herauszuholen! Ihr Ingenieur hätte das gewollt. In erster Linie müssen Sie an Ihre Besucher denken!«

Khalia begriff, daß sie Knaggs im stillen schon zum Tod verurteilt hatte; sie sprach von ihm, als habe er den Kampf um sein Leben schon aufgegeben. Niemand achtete auf sie.

»Das beunruhigt mich«, sagte Danecki. »Sehen Sie!«

Dross und Wardle betrachteten die empfindlichen Mechanismen in der grün-bronzenen Hülse. Khalia schaute ebenfalls hinüber, obwohl sie wenig davon verstand. Sie sah die Energie in einem komplizierten Geflecht von Schaltkreisen pulsieren. Kraftfelder funkelten in einer Schutzhülle um das Gehirn. Sie wußte, daß Danecki sich große Sorgen machte.

»Setzen Sie es in Betrieb, Mann! Schicken Sie eine Nachricht – man kann binnen Minuten eine Rettungsaktion starten! Bis es Nacht wird, sind wir alle frei!«

»Es wird bald dunkel«, sagte Dross. »Spielt aber keine Rolle. Wir könnten Mr. Knaggs sofort behandeln.«

Danecki zögerte.

»Los!« sagte Dross. »Die Hauptzentren sind unbeschädigt, die Energiezellen ebenfalls. Batty kann eingesetzt werden.«

»Richtig«, bestätigte Danecki. »Zuerst müssen Sie mir aber alle genau zuhören. Ich mache mir Gedanken wegen des Roboters.« Er sah Dross an. »Er ist vom Fusor nicht außer Betrieb gesetzt worden. Der Körper hat schwere Schäden davongetragen, gewiß – die Gliedmaßen auf der einen Seite sind abgetrennt, aber die entscheidenden Zentren sind nicht betroffen.«

»Gut«, sagte Wardle. »Aber wieso –?«

»Ja«, antwortete Danecki. »Das Fort.«

»Wenn ich Sie recht verstehe, Danecki, meinen Sie, daß die Anlage hier eingegriffen hat. Batibasaga ist durch das Fort selbst ausgeschaltet worden.«

»Genau.«

Dross zuckte die Achseln. »Dann kennen wir also die Möglichkeiten«, erklärte er. »Wir haben akzeptiert, was mein Ingenieur sagte. Wir setzen den Roboter ein. Wußte Mr. Knaggs aber, daß der Roboter durch das Fort beeinträchtigt worden ist?«

»Das wissen wir doch gar nicht«, widersprach Wardle. »Es könnte nur sein.«

»Zuerst der Roboter, dann wir? Ist es so?« fragte Mr. Mondmann leise.

»Bisher hat uns das Fort ignoriert«, sagte Danecki. »Sie müssen sich alle darüber im klaren sein, daß wir nicht wissen, wie die Hauptsysteme reagieren werden, sobald wir unsere Gegenwart kundtun.«

Es blieb still.

Daneckis geschickte Hände fanden schnell, was sie suchten.

Die fünf Zuschauer hielten den Atem an. Sie brauchten nicht lange zu warten.

Danecki wies auf einen Spulenschaltkreis in der Brusthöhle des Roboters.

»Benützen Sie das, Doktor. Sprechen Sie ganz normal.«

Dross' Botschaft war kurz und sachlich: »Diese Nachricht aufzeichnen und wiedergeben! Doktor Dross und die Touristengruppe sind in einer noch funktionierenden Festungsanlage unter dem zerstörten Stützpunkt gefangen. Tiefe unbekannt, geschätzt zwei Kilometer. Ein Mann braucht augenblicklich ärztliche Hilfe, wenn er am Leben bleiben soll! Alle Schiffe und Relaisstationen alarmieren! Robotersysteme aufzeichnen und wiedergeben!«

Er machte eine Pause, und die Roboterstimme rief im Stakkato aus der Brusthöhle: »Ihre Nachricht vom Kreuzer der Galaktischen Zentrale empfangen –«

Licht und Lärm erfüllten die stahlblaue Höhle wie bei einer Explosion.

»Das Fort!« schrie Dross.

Danecki schaltete den Roboter ab, wußte aber, daß er zu spät kam.

Wie die anderen drehte er sich nach dem Ursprung des Getöses um.

Der große, blaue Bildschirm zeigte grellblitzende Bilder. Danecki erkannte sofort die eigenartige, von weißen Streifen durchzogene Weite des interplanetarischen Weltraums.

Sonnenlicht strömte von Sol heran. Gespiegeltes Licht blitzte aus einer anderen Quelle über den riesigen Schirm. Der Hintergrund der Sternenmasse der Galaxis verblaßte, so daß Danecki erkennen konnte, was der Bildschirm einem längst zu Staub zerfallenen Kommadeur zeigen wollte.

Dann ersetzte eine blecherne Stimme den Lärm. Sie sprach mit ruhigem Tonfall. Danecki fühlte, wie sich seine Nackenhaare sträubten. Endlich, nach einer Pause von tausend Jahren, erfüllte die Anlage ihre Funktion.

»Zielobjekt Außer-System-Raumfahrzeug unbekannter Konstruktion! Stationär, Entfernung fünf, eins-null-sechs, zwei-acht-neun, Sektor Wega-Drei X 2! Außenluken klar, Raketen im Lauf! Zwei Flüge ausreichend. Ein Reserveflug. Anweisung, Kommandeur? Anweisungen?«

Sensoren wedelten wild. Lämpchen blinkten und erloschen.

»Was – was ist los?« stieß Khalia hervor.

»Das Fort!« schrie Wardle. »Es greift an – es greift an –!«

Dann starrte er entsetzt auf das Ziel.

»Nein!« kreischte Mrs. Zulkifar. »Nein!«

»Guter Gott!« stammelte Wardle immer wieder. »Guter Gott!«

Danecki trat an die Geräte. Mit beinahe übermenschlicher Anstrengung gelang es ihm, die Sensoren nicht zu berühren. Statt dessen brüllte er den Bildschirn in ohnmächtiger Wut an: »Alle Raketen zurück! Kommando zurück – Kommando zurück! Das Zielobjekt ist ein befreundetes Raumschiff – ein Schiff der Konföderation! Angriff einstellen!«

Er riß seine Hände vor den Sensoren zurück, die herangleiten und die Anweisungen in Angriffscomputer übertragen wollten.

Er konnte nichts tun. Das Raumschiff war nicht zu retten.

Danecki dachte an die Erdoberfläche weit über ihnen, mit ihren kleinen Tieren und Insekten, als große Gruben sich auftaten, sie und den Humus, die Bäume, die Steine und Außenbastionen beiseite schleuderten und als dann die schwarzen Raketen heulend durch den Regen hinaufstürmten durch die zunehmende Dunkelheit und die dichten Wolken, weit, weit hinaus in den Weltraum, auf das wartende Touristenschiff zu, das den Hilferuf zu seinem Unglück beantwortet und den rachedürstenden Gespenstern im uralten Fort seine Position verraten hatte.

Wardle trat zu ihm, als der Bildschirm das große Hyperraumschiff zeigte.

»Weshalb fährt es die Abschirmung nicht aus – es kann beliebig viele Raketen abwehren!«

Danecki sprang zu dem grün-bronzenen Roboter. Wenigstens konnte er das Schiff warnen.

»Hyperraumkreuzer!« schrie er. »Abwehrschirme ausfahren – Raketen unterwegs! Sie werden angegriffen!«

»Antwortet das Schiff nicht?« flüsterte Khalia entsetzt. »Kann es nicht ausweichen?«

Sie konnten alle das große Schiff wie einen schwarzen Felsbrokken im hellen interplanetarischen Dunst hängen sehen. Eine Asteroidenwolke zog vorbei. Danecki rief das Schiff noch einmal, bekam aber keine Antwort. Der demolierte Roboter blieb stumm.

Die Raketen tauchten auf dem Schirm auf.

»Atomraketen!« sagte Dross. »Einfache Expansionsmotoren – Sprengköpfe. Vielleicht ein Ionenmotor als Hilfsantrieb. Und wir können nichts tun, um sie aufzuhalten!«

»Doch!« sagte Khalia plötzlich. Sie rannte zur Steuerung, die ihr Kommen spürte und sich ihr eifrig entgegenwand. Aber Mrs. Zulkifar war schneller. Sie sah, was Khalia vorhatte, und stieß sie zu Boden.

»Sie – bringen – uns – alle – um!« zischte sie und wollte Khalia die Kehle zudrücken.

Dross hieb ihr die Hand ins Genick. Mrs. Zulkifar brach zusammen.

Khalia konnte den Blick nicht vom Bildschirm abwenden.

Die winzigen, pfeilartigen Projektile brauchten etwa eine Minute, um den Kreuzer zu beschnuppern und zu entscheiden, daß er ihr Ziel war. Sie umkreisten ihn, schossen Hilfsraketen ab und zeichneten Muster in das Sonnenlicht.

Die Raketen trafen, und auf dem Bildschirm breitete sich greller Glanz aus. Ein paar Sekunden lang entstand in den Tiefen des Weltraums über der Erde eine neue Sonne.

Die ruhige, gesammelte Stimme aus dem Lautsprecher sagte: »Anweisungen, Kommandeur! Schiff völlig zerstört. Ein Raketengeschwader zur Reserve zurückbeordert.« Es blieb einige Sekunden still, dann wurde die Meldung wiederholt. »Anweisung des Diensthabenden Kommandeurs erbeten!«

»Diensthabender Kommandeur?« sagte Wardle. »Wie? Weiß das Ding denn nicht, daß es keinen gibt?«

Die anderen waren zu entsetzt, um ihn zu hören.

»Sie sind alle tot!« schluchzte Khalia. »Wir hätten sie retten können – wir sind nur ein paar! Das Schiff war voll!«

Dross versuchte sie zu trösten.

»Nein, nein, meine Liebe. Sie haben es versucht. Geben Sie sich keine Schuld. Und wer weiß, ob die anderen Ausflugsboote schon zurückgekommen sind? Das ist nicht immer der Fall – man besucht oft noch den Mond. Und der Ausflug zu den Asteroiden! Erstklassige Hotels dort oben – alles automatisch. Vielleicht waren keine Menschen an Bord.«

»Ja, ja«, sagte Wardle eifrig. »Nicht, Doktor? Sie haben sie doch gesehen, Mr. Mondmann! Viele Leute unternahmen den Ausflug auf den Mond!«

»Sie haben getan, was Sie konnten«, sagte Danecki zu Khalia, als sie sich mühsam aufraffte. »Keiner von uns wollte oder konnte mehr tun.«

»Eines steht fest«, meinte Wardle. »Vom Schiff kommt keine Hilfe mehr. Wir müssen uns jetzt auf uns selbst verlassen.«

Wieder schien das Fort ein bedrohliches Eigenleben zu entwikkeln. Es schien zu atmen. Hallende, blecherne Stimmen tönten durch die Korridore, ein seltsamer Rhythmus machte sich bemerkbar. In der niedrigen Decke zuckte Licht.

Un die ruhige Stimme meldete sich wieder.

»Anweisungen, bitte. Diensthabender Kommandeur! Alle Systeme in Aktion. Keine Anweisungen erhalten!«

Khalia entdeckte mit Beschämung, daß sie das Interesse am Untergang des Schiffes verlor. Es kam darauf an, daß sie selbst überlebte.

In der dröhnenden Stille des niedrigen Raumes hörte man einige Augenblicke lang nur das keuchende Atmen von Knaggs. Von draußen würde keine Hilfe kommen.

Dross lauschte, wie Danecki sah, Wardle auch.

Aber sie warteten auf die Stimme der Maschine, nicht auf den nächsten mühsamen Atemzug des Sterbenden.

»Begreift die Anlage nicht, wieviel Zeit vergangen ist?« fragte er die beiden Männer. »Weshalb ruft sie einen Kommandeur, wenn die Konföderation vor tausend Jahren untergegangen ist?«

»Wenn ich darauf eine Antwort wüßte«, sagte Dross. »Fragen Sie mich alles über die Konföderation – Gesetze, Moral, Ausdehnung, Kultur, Religion, Psychologie –, was Sie wollen, und ich verweise Sie auf meine Standardwerke. Ich kenne sie alle. Aber Mr. Knaggs kannte die Roboter. Weshalb haben sie tausend Jahre überdauert? Ich weiß es nicht.«

Wardles Augen glitzerten.

»Sie warten auf Anweisungen, Doktor«, sagte er. »Tausend Jahre auf die richtigen Anweisungen!«

»Und die waren?«

»Sie beabsichtigen den Untergang«, sagte Wardle. »Die vollständige Zerstörung alles Lebens auf den drei Planeten, die sie einst beherrscht hatten.«

Wie zur Antwort sagte die uralte Roboterstimme wieder: »Keine Anweisungen, Diensthabender Kommandeur?«

Danecki blickte auf den reglosen grün-bronzenen Roboter.

Khalia beobachtete ihn. Der Mann faszinierte sie auf seltsame Weise. Sie sah, daß er einen Blick auf seinen Gegner geworfen hatte, bevor er sich mit dem Roboter befaßte. Sie wußte, es war ihm nicht entgangen, daß Jacobi sich auf die Stahlklinge zugeschoben hatte, mit der Danecki den Roboter geöffnet hatte.

Der Junge war immer noch der Jäger. Er heuchelte Bewußtlosigkeit und wartete darauf, daß Danecki zwischen Knaggs und dem Roboter hindurchging.

Knaggs spürte etwas. Er hatte die ruhige, tausend Jahre alte Roboterstimme gehört, das Donnern, als das Touristenschiff zerstört worden war, sogar Khalias Schrei um die Menschen dort. Er bäumte sich ein letztes Mal auf.

»Schafft sie hinaus!«

Die Stimme war klar und laut genug, aber sie gurgelte auch. Die Lippen waren fast weiß.

»Abgestufter Alarmplan!« erklärte die mechanische Stimme. »Keine Anweisungen! Achtung, Fall Gelb!«

» – hinaus!« rief Knaggs.

Dross zitterte.

»Mister Knaggs! Ja! Wenn ich kann! Aber seien Sie still, Mann! Nicht sprechen. Mister Knaggs, wenn ich Ihnen nur sagen könnte – «

» – nicht lange!« drang es über Knaggs' Lippen. Blut begann zu strömen. »Ein System löst das andere aus!«

Sein Körper wand sich. Dumpfe Worte wurden zu Schreien.

Khalia versuchte, die Blutung zu stillen. Das Tuch war bereits völlig durchtränkt.

»Wir müssen es wissen«, sagte Danecki und hielt ihre Hand fest. Er warf einen Blick auf Jacobi und stieß die Stahlklinge mit dem Fuß weg. Der Junge funkelte ihn bösartig an, als Danecki ihn um die Hüfte faßte und von dem Sterbenden wegzog.

Knaggs' Augen öffneten sich weit. Die anderen sahen die plötzliche Klarheit und das Verstehen, wie es kurz vor dem Tod oft auftritt.

»Fall Gelb. Alarmstufe Fall Gelb. Diese Anlage befindet sich in Übereinstimmung mit den allgemeinen Anweisungen für den Kriegszustand in Kampfbereitschaft, Alarmstufenplan. Fall Gelb bleibt bestehen, bis weitere Anweisungen des Diensthabenden Kommandeurs vorliegen.«

Die mechanische Stimme übertönte, was Knaggs zu sagen versuchte.

Dross, Wardle, Khalia und Danecki standen um ihn herum und lauschten angestrengt. Danecki rückte noch näher.

Er starrte in Khalias Augen. Sie wußte, daß er sie nicht sah.

»Fall Gelb ... höchste Gefahr. Danach – Fall Rot – Fall Rot«, ächzte Knaggs.

»Fall Rot?« sagte Danecki. »Erklären Sie das, wenn es geht.«

»Heißt ... Rache ... Systeme ... ein paar Stunden.«

Knaggs' Augen hielten sie fest. Das Leuchten verebbte. Ein dünner Film der Dunkelheit trübte die Augen des kleinen Ingenieurs. Der schmächtige Körper bäumte sich auf. Blut flutete aus seinem Mund. Für die Menschen um ihn war es, als erlösche das Licht des Tages.

»Er ist tot«, sagte Dross ungläubig. »Tot!«

Der Bildschirm kehrte zu seinem Zustand bläulicher Leere zurück.

8

Betäubt und betroffen durch das Ende des Touristenschiffes, konnte Khalia den weiteren Schock von Knaggs' plötzlichem Tod nicht fassen. Sie hörte Wardle Befehle schreien, ohne zu verstehen, was er sagte; sie sah Mr. Mondmann zittern. Dross und Mrs. Zulkifar starrten vom leeren Bildschirm auf den toten Knaggs, beide so schockiert wie sie selbst. Nur Jacobi und Danecki ließen Selbstbeherrschung erkennen.

Die metallische Stimme des Waffenlenksystems erstattete eine kurze Meldung: »Keine Überlebenden! Keine Überlebenden! Schiff völlig zerstört.«

Wie im Refrain antwortete die Amtsstimme des zentralen Kommandosystems: »Diensthabender Kommandeur! Achtung, Fall Gelb!«

Danecki hatte zu viel gewaltsames Sterben und zu viele Schiffe zu Staub zerbersten gesehen, als daß er lange abzulenken gewesen wäre. Er wußte, Knaggs war ein Mann gewesen, den er in einem anderen, verlorenen Leben hätte schätzenlernen können. Nun war er ein Nichts.

Obwohl Batibasaga außer Aktion war, stellte der Roboter noch immer eine wichtige Energiequelle dar. Seine Hilfssysteme – die Angriffsfähigkeiten, die Kommunikatoren, die Datenspeicher und Analysensysteme – standen ihnen zur Verfügung. Sie waren die einzigen Hilfsmittel, die sie besaßen.

»Kann es sein?« sagte Dross plötzlich.

Wardle drehte sich um.

»Kann was sein, Doktor?«

»Kann es sein, daß Mr. Knaggs das gemeint hat, was – wie wir beide wissen – hier sein könnte, Brigadier?«

»Die Legende, Doktor?«

»Stellen Sie sich das vor!« sagte Dross mit unterdrücktem Triumph in der Stimme. »Stellen Sie sich das einmal vor!«

Sie unterhielten sich leise miteinander.

Khalia deckte den Toten mit ihrem Mantel zu.

Jacobi bewegte sich, und Danecki bemerkte es augenblicklich. Er sah, daß sich der junge Mann aufzusetzen versuchte.

»Denken Sie nicht, daß Sie entkommen können, Danecki«, sagte Jacobi dumpf. »Wenn ich das Gefühl habe, Sie könnten es schaffen, ist hier unten Schluß. Verstehen Sie, ich kann Sie nicht gewinnen lassen! Nicht noch einmal.«

»Niemand hat je gewonnen«, sagte Danecki ebenso leise. »Ich will Sie nicht töten. Zwingen Sie mich nicht dazu. Wie ist Ihr Name?«

»Jacobi. Wie bei den anderen. Jacobi.«

»Ich will das nicht mehr hören!« mischte sich Dross ein. »Mit dieser Sache muß Schluß sein. Wenn ich etwas zu sagen habe, werden Sie mit Ihren Mordtaten hier nicht weitermachen. Ich lasse Sie knebeln, wenn Sie mit dem Unfug nicht aufhören.« Er sah Danecki an. »Mit dem Töten muß es ein Ende haben!«

»Was ist eigentlich mit Ihrem Nachschubschiff von der Zentrale, Doktor?« sagte Wardle plötzlich. »Ist es nicht bald fällig?«

»Zu spät«, erwiderte Dross. »Es kommt diesmal vielleicht überhaupt nicht hierher. Beim letztenmal habe ich darum gebeten, mich mal eine Weile in Ruhe zu lassen. Nein, wie gesagt, wir müssen uns auf uns selbst verlassen. Und die ganze Anlage wird lebendig!«

Wardle ging hin und her.

»Wir müssen einen Weg nach draußen finden – und das sofort! Wir können uns trennen, jeder übernimmt einen Sektor, und in einer halben Stunde treffen wir uns wieder. Was meinen Sie?«

»Ja!« sagte Mrs. Zulkifar eifrig. »Vielleicht finden wir einen Weg nach oben, wenn dieses Denkmal nicht von vernünftigen Robotern bedient wird.«

»Nein«, sagte Danecki kopfschüttelnd. »Mr. Knaggs ist umsonst gestorben, wenn wir nicht akzeptieren, was er gesagt hat. Solange wir hierbleiben, sind wir relativ sicher. Ist Ihnen nicht aufgefallen, daß sich die Steuersysteme nicht direkt an uns gewandt haben? Sie rufen einen Kommandeur, von dem wir wissen, daß er seit Jahrhunderten tot ist. Sie sprechen nicht mit uns.«

»Natürlich«, meinte Wardle. »Daran hätte ich denken sollen. Sie haben recht.«

»Das glaube ich auch«, sagte Dross. »Wir richten uns nach Ihrer Entscheidung, Mr. Danecki. Ich nehme an, Sie wollen den Roboter einsetzen.«

Danecki nahm vorsichtig die Außenhülle des demolierten Automaten ab. Die Energiezelle funkelte wie ein Edelstein in der Kernmitte. Man konnte sehen, wie Schaltverbindungen in trägem, glattem Strom ölige Energie pumpten. Danecki schob sorgfältig Datenmembranzellen beiseite. Er suchte nach Ersatzspulen.

»Kann ich Ihnen helfen?« fragte Dross.

»Ich brauche Zellwachstumsmembranen«, sagte Danecki. »Ich könnte Anweisungen zu den zentralen Datenschaltkreisen führen, wenn ich Ersatzmaterial fände.«

»Nun?«

»Nichts vorhanden.«

»Na hören Sie, können Sie denn gar nichts tun?«

»Ich versuche es«, sagte er gepreßt. »Man kann es mit Handarbeit machen. Aber es dauert seine Zeit.«

Khalia beobachtete Danecki bei dem mühsamen Prozeß, das unendlich dünne Gewebe, das Gedächtnis, deduktive Abläufe und Verhaltensweise des Roboters bestimmten, voneinander zu lösen.

Sie hatten sich alle diesen breiten, geschickten Händen anvertraut.

»Ich verstehe nur nicht, wieso wir überhaupt in den Fallschacht gelassen worden sind«, meinte Wardle nachdenklich. »Man möchte annehmen, daß es Sicherheitsvorkehrungen gegen unbefugten Zutritt gibt.«

»Die könnten zerstört worden sein, als der Fusor die Steuerung des Kreiselschachtes zerschmolzen hat«, sagte Danecki.

»Allerdings. Was meinen Sie, Doktor?«

Dross zuckte die Achseln.

»Was spielt das für eine Rolle? Wir werden offenkundig als befugte Personen betrachtet. Was dazu geführt hat, ist unwichtig.«

Die Zeit verrann. Danecki wischte sich von Zeit zu Zeit die Augen. Er merkte, wie seine Lider herabsanken, und er wußte, daß er Ruhe und Nahrung brauchte. Er beugte sich wieder über den ausgeweideten Roboter.

Khalias Aufschrei erschreckte ihn so sehr, daß er die dünnen Gewebeschichten fallen ließ.

»Seht! Der Bildschirm!«

Der blaue Schirm leuchtete auf und zeigte die Ruine oben an der Oberfläche. Die Monitorkameras richteten sich auf schwarzen Regen und das letzte Licht der verborgenen Sonne. Mit Blasen übersätes Metall und hagere Gerüste zeichneten sich ab.

»Was? Was ist das?« entfuhr es Wardle. »Was haben Sie gesehen?«

»Da war jemand in den Ruinen! Ein Mann! Ich bin ganz sicher!«

Danecki starrte mit den anderen auf den Bildschirm. Er sah die Wildnis des dunkelnden Himmels, die aufgetürmten Wolken, die

Verwüstung eines längstvergangenen Krieges. Das einzige, was sich bewegte, waren Äste.

»Sind Sie sicher?« fragte Wardle.

»Ja!«

Wardle sah sie skeptisch an.

»Sie haben auch behauptet, ich hätte keine zwei Schiffe gesehen.«

»Allerdings.«

»Weshalb zeigt das Fort uns das?« fragte Mr. Mondmann.

Sie warteten auf die metallische Stimme.

Nichts rührte sich.

»Wenn wirklich jemand dort oben war, scheint die Anlage ihn nicht als Bedrohung zu betrachten«, sagte Danecki. »Wer könnte das sein?«

»Mr. Knaggs hatte mit dem einen oder anderen Siedler zu tun. Sie kamen gelegentlich her, um sich zu unterhalten«, sagte Dross. »Nicht mit mir.« Er schüttelte den Kopf, als ihn die anderen hoffnungsvoll ansahen. »Sie können uns nicht helfen. Es sind nicht viele. Ein paar Leute, die in den vergangenen vierzig oder fünfzig Jahren herkamen, auf der Suche nach einem stillen Leben. Sie hätten die Zentrale um Platz in einem der unbesiedelten Sternsysteme bitten können, aber sie wollten lieber hierherkommen. Sie sind von der fortgeschrittenen Technologie völlig abgeschnitten. Kein Transportmittel, nur die eigenen Beine. Keine Kommunikatoren. Ich weiß nicht, wie sie leben. Ich habe nie mit einem von ihnen gesprochen.«

»Von ihnen haben wir keine Hilfe zu erwarten«, sagte Wardle. »Aber immerhin merkwürdig, daß sich das Fort dafür interessiert.«

»Ich glaube, es wird bald anfangen, sich selbst Fragen zu stellen«, meinte Dross.

»Wir brauchen zuviel Zeit!« stieß Wardle hervor. »Schwierigkeiten, Danecki, wie? Was haben Sie eigentlich vor?«

»Sobald das Fort erkennt, daß wir hier sind, brauchen wir jede Hilfe, die wir bekommen können«, gab Danecki zurück. »Der Roboter ist unser einziges Hilfsmittel. Ich programmiere ihn, damit er unabhängig handeln kann.«

»Unabhängig? Wie das?«

»Suchen, mitteilen, handeln. So viele Möglichkeiten wie nur denkbar, wie in den Datenspeichern Platz finden. Wenn uns der Roboter nicht hinausführen kann, Doktor, wird er unabhängig handeln müssen«, sagte er zu Dross. »Wir müssen uns auf seinen ethischen Kodex verlassen.«

»Ethischer Kodex!«, sagte Mrs. Zulkifar, die sich wieder erholt zu haben schien. »Was hat das zu besagen? Wie kann uns das nützen?«

In diesem Augenblick begann Khalia an der Berechtigung von Jacobis Jagd zu zweifeln. Ein Killer befaßte sich nicht mit Ethik.

»Ich instruiere Ihren Roboter darin, auf – wie ich meine – ehrliche Weise vorzugehen, Dross.«

Danecki beugte sich über den Roboter und griff nach den schimmernden Membranspulen. Die Arbeit mußte von Hand getan werden. Eine ganze Anzahl winziger Schaltkreise mußte zusammengefügt werden, wenn man ein Mindestmaß an Zuverlässigkeit erreichen wollte. Niemand sprach, während sich seine Finger bewegten.

»Achtung, Fall Gelb«, erinnerte die Roboterstimme die Gefangenen. »Achtung, Alarmstufe Fall Gelb.«

»Sie brauchen schon über zwanzig Minuten!« schimpfte Mrs. Zulkifar. »Wir hätten inzwischen schon einen Weg nach draußen finden können!«

»Je länger wir brauchen, desto größer wird die Gefahr, daß die Systeme uns als unbefugte Besucher erkennen«, fügte Wardle hinzu. »Ich bin dafür, jetzt gleich einen Fluchtweg zu erkunden. Was kann der Roboter tun? Er ist bewegungsunfähig. Doktor – wir verschwenden wertvolle Zeit!«

Dross starrte Wardle und Mrs. Zulkifar grimmig an. Mrs. Zulkifar begann sich verzweifelt Schokolade in den Mund zu stopfen und sah den hungrigen Ausdruck in Wardles Gesicht.

»Ich habe Hunger!« stieß sie mit halbvollem Mund hervor. »Ich esse immer um diese Zeit. Mein Magen hält es nicht aus, wenn er nichts bekommt. Wie weit hätte der Riegel gereicht, wenn alle etwas wollten? Ich brauche ihn! Ich werde krank – ich sterbe hier!«

Khalia hörte sie mit qualvoller Verlegenheit.

Danecki fluchte leise und begann die winzigen Membranmuster von neuem zusammenzuflechten.

»Fall Gelb«, sagte die metallische Stimme.

Knaggs' Leiche wurde langsam starr.

»Werden die Leute an der Erdoberfläche nichts unternehmen?« fragte Mrs. Zulkifar nach einer langen Pause.

»Die Siedler?« sagte Dross.

»Ja. Warum sollten sie unsere Nachricht nicht aufgefangen haben? Woher wissen Sie, daß sie keine Kommunikatoren haben?«

»Ich glaube, Sie begreifen nicht«, antwortete Dross. »Die einzigen, die hier leben, sind zufällig hergekommen. Menschen, die dahintrieben, bis ihre Schiffe versagten. Sie wollten mit keinem Teil der Galaktischen Union etwas zu tun haben. Sie verstecken sich, wenn mein Schiff kommt – sie haben mit Knaggs nur gesprochen, weil er von ihrer Art war. Machen Sie sich bitte keine falschen Hoffnungen!«

Khalia dachte an die Ausflugsboote.

»Besteht nicht wenigstens Aussicht, daß jemand von den anderen Ausflüglern zu Hilfe kommt?« fragte sie.

»Ich würde das gerne bejahen, aber ich kann nicht, meine Liebe. Geben Sie mir recht, Brigadier?«

»Ja. Die Skope der Ausflugsboote haben die Explosion des Touristenschiffes wahrgenommen. Man weiß, daß Waffensysteme im Einsatz waren, und wird sich in den Asteroiden oder in einer der Mondbasen verstecken, bis ein Erkundungsschiff eintrifft. Risiko wird man keines eingehen. So sehe ich die Lage.«

Mr. Mondmann starrte Danecki an.

»Auf welches Risiko lassen wir uns hier ein?«

Zum drittenmal riß Danecki die Schaltungen auseinander. Er war mit der Kombination von Geweben und Impulsgeneratoren vertraut, aus denen die deduktiven und planenden Systeme des Roboters bestanden. Was fehlte, war die Unterstützung durch den Automaten selbst. Normalerweise hätte ihn eine Maschine dieser Art leiten können, aber Batibasaga schien geistig gelähmt.

Er sah sich nach den anderen um. Jacobi lag gefahrlos in der Nähe von Dross. Und Dross hielt die anderen mehr oder weniger in Schach.

Einmal hob er den Kopf und begegnete Khalias Blick. Er fragte sich, ob es an den drohenden Gefahren lag, daß das Mädchen sexuell so stark auf ihn wirkte.

Beinahe von selbst fanden die Schaltungen den richtigen Weg.

9

»Fall Gelb. Diensthabender Kommandeur. Fall Gelb!«

Es war eine nahezu willkommene Unterbrechung der Stille.

»Fall Gelb! Wir haben Fall Gelb. Diensthabender Kommandeur! Fall Gelb!«

»Das ist alles, was ich tun kann«, erklärte Danecki. »Ich habe den Roboter darauf programmiert, sein Wissen über die Konföderation anzuwenden. Er ist in der Lage, für uns zu verhandeln oder einen Fluchtweg zu finden.«

»Aber hier funktioniert er doch nicht!«

»Nein«, sagte Danecki zu Mrs. Zulkifar. »Wir schleppen ihn mit. Das verschafft uns zwei Chancen. Wenn wir keinen Erfolg haben, vermag der Roboter vielleicht unabhängig zu handeln.«

»Das Ding können wir doch nicht bewegen!« wandte Wardle ein.

Jacobi lachte laut auf, als Danecki die Platten am Rücken des Roboters wieder anschraubte.

»Es wird Ihnen nichts nützen, Danecki!«

Dross funkelte ihn an, aber der Junge lachte trotz seiner Schmerzen.

»Eine Berührung dort«, sagte er und wies mit dem gesunden Arm auf die Steueranlagen, »und es ist vorbei für Sie.«

»Für Sie auch«, sagte Dross. »Ihr eigenes Leben kümmert Sie nicht?«

»Nicht sehr. Jetzt nicht.«

Dross packte ihn beim Kragen und zog ihn hoch.

»Sie kommen mit«, sagte er. »Mr. Danecki, ich sorge dafür, daß er im Zaum gehalten wird. Was raten Sie uns nun?«

Die Auswahl war beschränkt. Es war klar, daß die drei breiten Korridore, die in weiten Bogen vom Kontrollturm hinaus- und hinabführten, ihre Hilfssysteme aktiviert hatten. Von den verbleibenden Ausgängen aus der großen Höhle mit ihrem beherrschenden blauen Bildschirm waren zwei durch dichte, schwarze Barrieren verschlossen.

Dross glaubte, das sei der normale Ein- und Zugang zum unterirdischen Fort, Wardle war überzeugt, daß es sich bei den beiden Öffnungen um eine Art Schutzwand zwischen den Angriffsbatterien und den Leitanlagen des Forts handelte. Der einzige sichere Weg schien jedenfalls durch einen kleineren Tunnel zu führen, der steil hinabführte und sein Ziel hinter einer Biegung verbarg.

Sie schleppten den schweren Roboter in diese Richtung. Alle halfen mit. Mr. Zulkifar keuchte vor Anstrengung und fand ein Ventil für ihre angstvolle Energie. Mr. Mondmann ächzte, aber die stärkste Leistung kam von Dross und Danecki. Wardle hatte seine Bemühungen mit blutrotem Gesicht und keuchendem Atem bald eingestellt. Jacobi lag an dem großen, schwarzen Sessel.

Während Khalia sich neben Mrs. Zulkifar anstrengte und die ganze Kraft ihrer jungen Muskeln einsetzte, wurde ihr klar, daß die Angst sie verlassen hatte. Das Warten war am schlimmsten gewesen. Jetzt konnte sie an den Tod denken, sich ruhig mit ihm befassen.

Danecki stemmte sich ein. Ein gewaltiger Ruck zerrte den Roboter das Gefälle hinunter. Niemand wollte als erster die sichere Befehlszentrale verlassen. Sie warteten, bis der Roboter auf der glatten Bahn zur Ruhe kam. Würde er sich zu regen beginnen? Noch immer warteten sie.

»Er rührt sich nicht!« klagte Mrs. Zulkifar. Sie packte Wardles Arm. »Die ganze Zeit vergeudet – wir hätten vielleicht einen Weg gefunden! Warum haben wir diesem Mann vertraut?«

»Nun?« sagte Wardle zu Danecki.

Danecki zuckte die Achseln.

»Darauf mußten wir uns einlassen. Wenn wir blindlings hinausgelaufen wären –«

Er verstummte. Sie sahen alle den Grund.

Ein großer, glitzernder Greifer hatte sich lautlos von der Tunneldecke hinabgesenkt. Er griff vorsichtig nach dem grün-bronzenen Roboter, ein schimmernder Metallhaken, massiv und unbarmherzig wie eine Raubtierklaue, dann wurde Batibasaga hochgehoben und in die Öffnung hinaufgezogen, in welcher der Haken erschienen war. Es dauerte zwei Sekunden.

Metallische Stimmen meldeten: »Diensthabender Kommandeur! Unidentifizierter Automat zur Prüfung entfernt! Scheint defekt zu sein. Anweisungen? Anweisungen?«

»Fort!« schrie Mrs. Zulkifar. »Fort! Der Roboter kann uns nicht mehr helfen! Er ist fort, verstehen Sie? Fort!«

Sie begann gellend zu schreien, dann überhäufte sie Danecki mit den wüstesten Beschimpfungen.

Danecki wurde sich eines wachsenden Gefühls der Verantwortung für die kleine Gruppe von Flüchtlingen bewußt. Er hörte sich die bitteren Vorwürfe an und unterdrückte eine scharfe Erwiderung.

Sie waren alle Menschen, die der bedrückenden Lage im Fort nicht gewachsen waren. Auch die anderen fielen über ihn her, nur Khalia nicht.

»Wir müssen jetzt los, nicht wahr?« sagte sie, als es ruhiger geworden war. »Nicht wahr, Danecki?«

Mr. Mondmann hörte sie, aber Wardle und Dross diskutierten noch immer über die Sicherheitssysteme des Forts. Mrs. Zulkifar lag am Boden, schlug mit den Ringen an ihren langen, eleganten Händen darauf ein und gab erstickte Laute von sich. Jacobi war jung genug, um von diesem Benehmen schockiert zu sein, aber sein Blick blieb unablässig auf Danecki gerichtet.

»Gewiß«, sagte Danecki. »Wir haben keine Wahl mehr.«

»Vorher sah es viel besser aus«, ereiferte sich Wardle. »Wir hätten die ganze Anlage erkunden, Streifzüge in drei Richtungen organisieren, uns wieder treffen und einen Plan entwerfen können! Danecki, Sie haben eine volle Stunde vergeudet!«

Die metallischen Stimmen sprachen dazwischen.

»Anweisungen, Diensthabender Kommandeur! Da Befehle nicht vorliegen, ist der Humanoidenautomat zum Verhör gebracht worden! Diensthabender Kommandeur, das Sicherheitssystem erwartet Befehle!«

Der Lärm beruhigte die kleine Gruppe. Er wirkte wie ein Donnerschlag in stiller Nacht, betäubte die Zuhörer und schnitt alle Gespräche und Klagen ab.

»Das war zu erwarten«, sagte Danecki. »Batibasaga ist festgenommen. Die Sicherheitssysteme werden ihn festhalten und vielleicht den Werkstätten übergeben.«

»Aha«, sagte Dross. »Ganz hoffnungslos ist die Lage nicht«, erklärte er den anderen. »Mr. Danecki hat getan, was er konnte. Er trägt keine Schuld – wir haben die Entscheidung ihm überlassen. Bis jetzt haben wir eine Stunde verloren.«

»Und das ganze Fort ist lebendig!« rief Wardle. »Haben Sie das gehört, Doktor? Sicherheitssysteme! Das sind maßgebende Steuereinheiten! Immer die Schlimmsten! Voll von Spionen. Wir können keinen Meter zurücklegen, ohne beobachtet zu werden. Wir sitzen hier fest!«

Mrs. Zulkifar lauschte angespannt.

»Beruhigen Sie sich, Brigadier!« knurrte Dross. »Ich habe schon betont, daß die Lage nicht hoffungslos ist. Denken Sie an die Vorteile! Mr. Danecki kennt sie. Hören Sie zu.«

»Ich glaube, der Roboter wird durch die Auswirkungen der

molekularen Störungen des Kreiselschachtes behindert«, sagte Danecki. »Wenn er sie abschütteln kann, gelingt es ihm vielleicht, ein paar von den Hilfssystemen abzulenken. Wahrscheinlich nicht die Hauptsysteme, aber möglicherweise jene, die auf die Ausgänge wirken, auf den Kreiselschacht.«

»Batibasaga könnte es schaffen!« fügte Dross hinzu. »Er ist zwar nicht von modernster Bauart, unterscheidet sich aber grundlegend von den Robotern der Konföderationszeit. Sogar im halbdemolierten Zustand besitzt er weit überlegene Urteilskräfte. Die Festung ist voll von Robotern – aggressiven, gewaltigen Maschinen zweifellos –, aber sie sind alt! Uralt! Es sind einfache Logikmaschinen. Sie denken primitiv, wie mörderische Kinder.«

»Mörderisch?« flüsterte Mrs. Zulkifar.

»Aber er ist in feindlicher Hand, Doktor!« wandte Wardle ein. »Wie können wir wissen, was er vorhat?«

»Feind?« sagte Mrs. Zulkifar und raffte sich auf. »Morden? Mich?«

Sie heulte auf und begann zu laufen.

»Ich will hinaus! Ich will hinaus!«

Danecki begriff, was sie vorhatte, aber es war eine so blinde, sinnlose Tat, daß er nur aufschreien konnte: »Halt!«

Er sah sie in den mittleren der drei breiteren Korridore laufen.

»Aufhalten!« schrie Danecki, aber er war ein Dutzend Schritte entfernt.

Wardle hätte zupacken können, aber er war zu verblüfft. Dross trat einen Schritt vor, und das genügte nicht. Bis Danecki sich bewegte, war die Frau außer Reichweite. Er warf sich verzweifelt nach vorn. Jacobi streckte einen Fuß aus, und Danecki stürzte.

Khalia mußte um Dross herum, aber Mrs. Zulkifar rannte bereits wie von Teufeln gehetzt.

Elektronische Stimmen tönten durcheinander:

»Achtung! Achtung! Eindringling gemeldet! Sicherheitsdienst meldet unbefugte Person!«

Daraufhin meldete sich die Stimme der Zentrale. Es waren die Worte, vor denen sie sich alle gefürchtet hatten: »Fall Rot! Fall Rot! Sechs Stunden Fall Rot nach Alarmplan!«

Wardle hatte sich auf den Boden geworfen. Jacobi machte sich frei und hetzte hinter Khalia und Danecki her. Mr. Mondmann lag ebenfalls am Boden und starrte den schlammverkrusteten Roboterschädel an, den Knaggs am Morgen entdeckt hatte.

Mrs. Zulkifar prallte vor einer unsichtbaren Barriere zurück.

»Ich will hinaus! Ich will hinaus! Ich bleibe nicht bei Verbrechern und Gesindel!«

Danecki ignorierte sie.

Khalia wurde zurückgerissen.

»Kommen Sie!« sagte Danecki. »Es spielt keine Rolle mehr – das Fort weiß, daß wir hier sind!«

»Fall Rot!« rief die Kommandostimme. »Fall Rot!«

Danecki und Khalia stürmten auf den schmalen Korridor am anderen Ende der Befehlszentrale zu, durch den sie Batibasaga hatten hinunterschieben wollen.

»Sechs Stunden Fall Rot nach Alarmplan!« sagte die Stimme. »Countdown hat begonnen.«

»Mitkommen!« rief Danecki über die Schulter.

Metallische Stimmen schrien und pfiffen aus verborgenen Kanälen. Das ganze Fort hallte vom Ausbruch alarmierter Sicherheitssysteme wider.

Khalia hatte das Gefühl, als pralle Mrs. Zulkifar gegen eine dünne Wand aus schwarzem Nebel, als Danecki sie mitzog; sie sah, daß Wardle ihnen folgte und daß auch Jacobi versuchte, sich aufzuraffen.

»Sechs Stunden!«

»Weiter!« fauchte Danecki, als sie stolperte. »Vielleicht schlüpfen wir durch das Sicherheitsnetz!«

»Warum nicht einen anderen Weg?«

»Mrs. Zulkifar, haben Sie die Barriere nicht gesehen?«

»Wäre es nicht sicherer – dort – zu bleiben?« keuchte sie.

»Nein! Sicher ist es nirgends. Luft sparen! Ich versuche, den Roboter zu finden.«

Der Korridor wand sich mal dunkel, mal hell hinunter. Sie glitten an den Wänden ab, bogen plötzlich um Ecken. Was war das? dachte Danecki. Ein Wartungsschacht? Ein Notausgang?

Das Fort hielt sie auf dem laufenden.

»Zwei – drei – vier Menschen identifiziert!« brüllte eine dumpfe Stimme.

»Fassen, suchen, finden! Melden! Eindringlinge – festnehmen! Sicherheitsorgane haben die Personen festzunehmen und in den Sicherheitsflügel zu bringen!« rief die Befehlszentrale. »Achtung, Fall Rot!«

»Fünf Menschen erkannt.«

»Sechs Stunden!« zischte Danecki. »Sechs Stunden, bevor die Maschinen sich in die Luft sprengen!«

Ein Schrei im Korridor hinter ihnen. Jemand war hingestürzt.

»Jacobi«, sagte Danecki.

Er freute sich einen Augenblick lang, nicht so sehr seinetwegen als um des Mädchens willen. Je mehr das Fort durch das Einfangen der Nachzügler abgelenkt wurde, desto größer wurden die Aussichten für ihn, Batibasaga zu finden. Solange sie frei waren, konnten sie es noch schaffen.

»Sicherheitssystem zur Stelle«, krächzte eine Stimme. »Eine Frau festgenommen, gemischte Herkunft, keine in diesem System bekannten Merkmale. Anweisungen?«

»In den Sicherheitsflügel bringen!« kam die Antwort.

Ein Waffensystem forderte Befehle an. Es bot Reichweiten, Frequenzen, Angriffsformeln und Methoden zur Zerstörung von Schiffen, die seit tausend Jahren Rost und Staub waren.

»Fall Rot!« rief die Zentrale. »Eindringlinge, Diensthabender Kommandeur! Anweisungen?«

Sechs Stunden! Nicht einmal mehr! Danecki brauchte das Mädchen nicht zu drängen. Gemeinsam glitten und rutschten sie hinab, schlugen sich die Glieder an.

Dann erreichten sie den Ort der Gebeine.

»Nein!« schrie Khalia. »Nein!«

Der Tunnel verbreiterte sich, wurde eben. Das Licht war trüb, aber hell genug, um die drei Skelette in allen Einzelheiten zu offenbaren.

Sie blieben beide stehen. Khalia griff nach Daneckis Arm, und Danecki war froh darüber. Der Anblick der vor langer Zeit gestorbenen Menschen in dieser funktionellen und sauberen Anlage war schockierend, ein so unerwarteter Fund, daß sie beide wie betäubt waren.

Sie sahen den wirren Haufen, wo zwei Leichen zusammengestürzt waren. Khalia sah an einem der Schädel das helle, lange Haar einer Frau. Sie trat darauf zu, entsetzt, aber voll Mitleid für die Frau, die hier unten zugrunde gegangen war. Danecki betrachtete das dritte Skelett hinter dem Knochenhaufen. Offenkundig war ein Mann für sich zusammengebrochen. Ein Messer hatte ihn getötet. Der goldene Griff steckte noch fest im Brustkorb, die Spitze befand sich in der Mitte der leeren Höhle. Es war mit großer Wucht hineingestoßen worden, denn eine Rippe war gebrochen.

»Das Fort ist verwundbar«, sagte Danecki plötzlich.

Khalia hörte ihn nicht.

»Sie sind hier hereingekommen«, sagte sie dumpf.

»Ja. Wir müssen herausbekommen, wie.«

Wie waren drei Menschen in das innerste, schwer bewachte Herz der Konföderation gelangt? Wie waren die Maschinen überwunden worden? Und weshalb durften die armseligen menschlichen Überreste in dem gewundenen Tunnel bleiben?

Danecki berührte mit der Fußspitze die Strahlerpistole, die von dem Einzelskelett einen Meter entfernt lag. Ein Museumsstück, wie die ganze Anlage hier. Sie schien geladen zu sein, aber er konnte sich nicht überwinden, sie aufzuheben.

Erst als er Khalias Hand ergriff, stieg sie den Tunnel mit ihm hinunter. Der Anblick der uralten Gebeine in ihrem seltsamen Grabmal hatte sie zu tief erschüttert.

Als sie um die nächste Biegung kamen, wußten sie, wohin der Tunnel führte. Es gab kein Getöse mehr aus Lautsprechern. Statt dessen herrschte kalte, ewige Stille. Es war passend. Das Licht war ebenfalls gedämpft, aber die ungeheuerliche Macht der Konföderation ließ sich trotzdem klar erkennen.

Weit in der Ferne erstreckte sich eine dunkle, graue Höhle, ein riesiger Raum, gefüllt mit der größten Leistung der untergegangenen Konföderation.

»Sie ist wahr!« stieß Khalia hervor. »Die Legende ist wahr.«

»Ja«, sagte Danecki. Er dachte an den historischen Abriß des Roboters. »Sie ist wahr.«

Vor ihnen lag die Schwarze Armee.

10

Die Höhle enthielt eine gigantische Armee hagerer, stummer Gestalten; Reihe um Reihe schwarzer Roboterungeheuer. Ihre kegelförmigen Kopfteile leuchteten durch eine uralte Energiequelle; Antennen regten sich in dumpfem Erkennen, als Khalias flüsternde Stimme die kalte Luft des unheimlichen Aufmarschsaales in Unruhe versetzte. Trotz ihres veralteten und antiken Aussehens riefen sie in Danecki wie in Khalia ein Gefühl unaussprechlicher Bedrohung hervor. Sie sahen aus, als könnten sie halb durch das ganze Universum marschieren, um die Feinde der Konföderation auszulöschen. Sie waren Erscheinungen aus einem Alptraum: Blöcke schwarzen Metalls, gestufte Reihen von Phalangen, die erst zum Leben erwachen sollten, wenn ihre menschlichen Erbauer und Beherrscher tot waren.

»Sie funktionieren immer noch«, flüsterte Khalia. »Sie wissen, daß wir hier sind!« Es kam ihr ein Gedanke. »Haben sie diese die Menschen da oben getötet?«

Danecki schüttelte den Kopf.

»Die Roboter hier haben nie gekämpft. Wardle und Dross hatten recht. Das ist die verlorene Armee, die nie eingesetzt wurde. Aber sie wird marschieren!«

»Der Alarm – Fall Rot! Ja! Die Legende – es heißt, sie werden marschieren! Das müssen die ›Regimenter der Nacht‹ sein! Was werden sie tun?«

Daneckis Gedanken überschlugen sich. Wie Khalia bestürmten ihn viele Fragen, aber er beschäftigte sich bereits damit, die Lage abzuwägen. Es blieben ein paar Stunden, in denen die Steuersysteme des Forts zu meistern waren – eines oder mehrere; ein paar Stunden, in denen sie versuchen konnten, die schwerfällige Maschinerie der Anlage anzuhalten. Und die Sicherheitssysteme konnten sie jeden Augenblick aufspüren!

»Was können wir tun?« flüsterte Khalia.

»Uns umsehen – herausfinden, soviel wir können! Wir müssen in einem gesperrten Bereich sein, aber ich vermute, daß die Sicherheitsanlagen hier unten nicht so gut funktionieren. Sie sind vielleicht durch die Leute da ausgeschaltet worden!« Er deutete in den Korridor, wo die nackten Gebeine lagen. »Wir müssen versuchen, einen Hinweis auf die Funktion der Anlage zu finden – wie sie denkt, weshalb sie uns bisher unbeachtet gelassen hat! Sehen Sie sich um, aber kommen Sie den Robotern nicht zu nahe!«

»Bestimmt nicht.«

Khalia fröstelte, als lange, peitschenartige Antennen zum Ton von Daneckis Stimme schwankten. Es war, als spräche man vor eben Gestorbenen: leise, gedämpft, ängstlich, als fürchte man, die Toten aufzuwecken.

Danecki trat in das Gewölbe. Wärmeempfindliche Lichtanlagen überfluten die Arena mit blendendweißem Glanz. Die Reihen der Roboter standen mit dem Rücken zu ihm. Plötzlich wurde es laut. Khalia ächzte und hielt sich an Danecki fest. Ihre Augen waren weit aufgerissen, ihr Gesicht wirkte leichenblaß.

»Fall Rot! Diensthabender Kommandeur, bitte Weisung zu Fall

Rot! Keine weiteren Meldungen über Aktivität an der Oberfläche in der zerstörten Anlage. Negative Meldungen über Zerstörung des Hyperraumfahrzeugs halten an.«

»Schnell!« sagte Danecki. »Das Fort beginnt sich hier unten durchzusetzen.«

»Drei verdächtige Personen von Sicherheitsorganen festgenommen! Bitte Weisung! Eine Frau, zwei Männer in Haft. Keine Erkennungsmerkmale. Diensthabender Kommandeur?«

»Mrs. Zulkifar. Und zwei von den Männern«, sagte Khalia. »Was wird man mit ihnen tun?«

»Wir können ihnen nicht helfen«, meinte Danecki achselzukkend.

»Sie wollen einfach nicht! Sie haben sich überlegt, daß das wieder ein Entkommen aus persönlicher Gefahr war – Sie sind wieder ein Fliehender!«

Khalia war über ihre Erregung erstaunt. Das stimmt nicht, dachte sie. Das stimmt ja gar nicht.

»Na gut«, sagte Danecki. »Vergessen Sie alles, was ich gesagt habe. Ich werde tun, was ich kann.« Er spürte, wie sie zitterte.

»Ich dachte, Sie fühlen sich nur für sich selbst verantwortlich?«

»Nein«, sagte Danecki. Er wußte, daß das die Wahrheit war, und es tat ihm wohl, es zu wissen. »Bis jetzt haben wir Glück gehabt. Ich glaube nicht, daß es anhält. Wir können ihnen helfen, indem wir in Freiheit bleiben, solange es geht – und indem wir herausfinden, was wir können. Los!«

Khalia folgte ihm. Sie starrte Daneckis breite Schultern an und fragte sich, wie er das qualvolle Jahr überstanden hatte. Er war ein Mann, getrieben von Furien, die er nicht gerufen hatte. Er tat, was er tun mußte.

Danecki ging an den langen Roboterreihen vorbei. Die schiere Zahl war bedrückend. Die sachte zitternden Antennen nahmen ihre vorsichtigen Bewegungen wahr. Reihe um Reihe, in Blöcken zu je hundert, jeder Roboter exakt wie seine Nachbarn, warteten sie mit unendlicher Geduld auf einen verlorenen Krieg. Es gab keinen Staub, kein Anzeichen des Alterns, der Zeit. Das Licht flutete auf stumpfes, schwarzes Metall – wie tausend Jahre zuvor, als ein grimmiger Kommandeur zuletzt die Armee inspiziert hatte, die erst beim Untergang der Konföderation marschieren würde. Es hätte gestern gewesen sein können. Khalia fröstelte.

Die Roboter konnten binnen Sekunden marschieren. Und wenn sie es taten?

Sechs Stunden, hatte die Stimme gesagt, Sechs Stunden, bevor die stumpfschwarzen Phalangen in die dunkle Nacht hinaustraten, um ihre uralte Rachemission auszuführen.

»Sie werden marschieren!« flüsterte Khalia. »Sie werden es tun! Und wir können sie nicht aufhalten! Was werden sie tun?«

»Was der Brigadier gesagt hat«, erwiderte Danecki. »Diese Maschinen sind Jäger.«

»Aber die Siedler! Sie werden doch gewiß nicht –«

»Doch«, sagte Danecki. »Sie werden. Die Jahre machen keinen Unterschied. Das Fort scheint den Ablauf der Zeit ebensowenig zur Kenntnis zu nehmen wie den Untergang der Konföderation.«

»Das dürfen wir nicht zulassen!«

»Nein«, sagte Danecki. »Sehen Sie, hier.«

Es war eine kleine Nische, etwas über das Gewölbe erhoben, durch drei hohe Stufen abgesetzt, zweifellos eine Art Besichtigungsplattform. Als Danecki mit Khalia hinaufgestiegen war, blickten sie auf die Armee hinaus.

»Es muß eine Steuerung geben«, sagte Danecki.

Er untersuchte die Wände der Nische. Sie bestanden aus demselben schimmerndeen Metall wie das ganze Gewölbe. Kalt unter den Fingern, ohne Fugen oder Nähte. Die Wände schienen unter der Berührung leicht zu vibrieren.

»Was können wir tun?« fragte Khalia verzweifelt. »Wenn es Steuerorgane gäbe, könnte sich dann das Fort nicht in die Luft sprengen, wenn wir sie berühren?«

»Zuerst würde die Armee marschieren«, sagte Danecki. Dafür war die Festung erbaut worden. Es war kein Heiligtum, sondern eine Waffe der Rache. »Sie ist auf das Marschieren programmiert. Wenn die ganze Anlage nicht mehr gebraucht wird, sprengt sie sich in die Luft. Dross hat recht. Die Festung dient nicht dem Zweck, einen kleinen Überrest der Konföderation am Leben zu erhalten – dafür waren die Bauten an der Oberfläche entworfen.«

Khalia zitterte.

»Dort wird es jetzt dunkel sein.« Sie senkte den Kopf. »Der Mond wird am Himmel stehen. Ich möchte ihn sehen, ihn und den Regen. Hier atmet alles Tod.«

Danecki starrte in das Gewölbe hinein.

»Es muß eine Öffnung geben«, sagte er. Seine Müdigkeit drückte ihn nieder wie eine Zentnerlast. »Es muß einen Weg ins Innere geben.«

»Dort?« sagte sie und deutete auf den Korridor, wo die Skelette lagen.

»Ja. Sie können nicht durch den Fallschacht gekommen sein. Nicht, wenn sie nicht in den Personalwählern verzeichnet waren. Sie können nicht zum Personal gehört haben. Und trotzdem kamen sie in diese tiefste Etage hinunter.«

»Sie brauchen einen Weg nach draußen«, sagte Khalia und zeigte auf die Roboter. »Einen Weg an die Oberfläche.«

Danecki grinste.

»Ich möchte nicht oben sein, wenn ihr Weg freigesprengt wird.«

Metallische Stimmen dröhnten kurz.

»Haben Sie das gehört?« fragte Khalia.

»Ja. Noch zwei gefaßt. Bleiben nur wir beide. Zum Teufel mit dem Roboter des Doktors!« stieß Danecki hervor. »Ich habe mich darauf verlassen – Knaggs hatte recht. Ich bin ganz sicher, aber warum versucht er nicht, das Kommando zu übernehmen?«

Er dachte wütend an die mühsame Arbeit mit den Schaltkreisen.

Wieder schnaubten und brummten die elektronischen Stimmen in der Ferne. Waffensysteme intonierten Meßdaten. Eine Wartungsanlage forderte Unterstützung an. Die Befehlszentrale ordnete die Verbringung der neuen Gefangenen in den Sicherheitsflügel an.

Khalia ertappte sich dabei, daß sie in die gewölbten Sehschlitze einer Reihe schwarzer Ungeheuer starrte. Sie schienen ihre Anwesenheit mit einer abstoßenden Klarheit wahrzunehmen. Sie stellte sich vor, daß die Gesichter mit ihrer gemeißelten Unbeweglichkeit ihre Anstrengungen verfolgten.

»Sie sind schrecklich«, flüsterte sie. »Schrecklich!«

Danecki überraschte sich dabei, daß er den Arm um sie legte. In seinem Gehirn jagten sich die Vermutungen. Weshalb hatten die unterirdische Höhle und ihre Systeme ihnen Eintritt gestattet? Warum durften die Skelette im Korridor verbleiben, wenn sonst keine menschliche Spur zu sehen war? Wie kam es, daß die drei Menschen bis in diese Tiefen vorgedrungen waren?

»Es sind Maschinen, nicht mehr«, sagte er beruhigend. »Menschen haben sie gemacht. Wenn wir ihre Steuerung finden, können wir sie unschädlich machen.«

»Nicht die! Sie sind nicht mehr zu steuern. Sie warten darauf, daß wir hinuntergehen. Ich habe gesehen, wie sie uns anstarren, zu Hunderten!«

Sie war der Hysterie nahe und packte verzweifelt seinen Arm.

»Nein«, sagte Danecki. »Metall. Kunststoff. Schaltkreise. Das ist alles.«

»Ich will hier nicht sterben! Nicht hier. Ich weiß, es ist selbstsüchtig, ich weiß, Mr. Knaggs ist gestorben, aber ich glaube nicht, daß wir davonkommen. Ich kann hier nicht sterben!«

»Es ist schwer, damit zu leben«, sagte Danecki, mehr zu sich selbst als zu dem Mädchen.

»Was?«

»Mit der Todesangst.«

»Sie kümmert das nicht. Sie denken nur an sich! Sie haben so lange damit gelebt, daß es Sie nicht mehr kümmert! Sie warten und tun nichts!«

»Nein!«

Khalia starrte ihn an.

»Ich habe nicht sagen wollen, daß Sie an niemanden außer sich selbst denken«, meinte sie stockend.

»Das ist lange vorbei«, sagte Danecki. »Ich denke jetzt auch an andere.«

Sie standen eine Weile stumm beieinander.

Er spürte, wie sie sich an ihn drängte. Sie sehnte sich danach, geliebt zu werden, zu tun, was die Menschen immer getan hatten, wenn die Gefahr sie zu überwältigen schien.

Mit mir? dachte er. Mit mir, der ich den mittleren Jahren entgegengehe, die ich nicht erreichen werde, wegen eines harten jungen Killers oder eines tausend Jahre alten Krieges? Nicht mit mir.

Sie preßte sich stärker an ihn. Ihre Lippen öffneten sich.

»Ich kann dir das nicht antun«, sagte er plötzlich. »Nicht hier – nicht ich!«

Sie schien die Roboter vergessen zu haben. Sie bewegte sich wie in Trance, selbstsicher und von Gewißheit erfüllt.

»Hier«, flüsterte sie. »Und jetzt.«

Danecki ließ sich treiben. Ein Jahr Wahnsinn endete, als er das Mädchen nahm. Der ungewollte Haß und das Entsetzen verblaßten, als er sie umarmte. Er umfaßte ihre Brust.

»Ich verlasse dich nie«, flüsterte sie mit geschlossenen Augen.

Danecki dachte an die verbleibenden Stunden. Es wäre leicht, sie hier mit Khalia zu verbringen, dachte er. Er schob das Mädchen weg.

»Denk an die anderen«, sagte er. »Ich will tun, was ich kann.«

Sie hielt ihn fest.

»Ich will lieber, daß es hier endet, mit dir!«

Daneckis Entschlossenheit geriet ins Wanken, aber das ferne Geplärr der mechanischen Stimmen riß ihn in die Gegenwart zurück.

»Komm«, sagte er. »Wir müssen es versuchen. Mehr denn je.«

Auf dem Weg zurück durch den gewundenen Korridor hielt sie ihn zurück. »Sie waren Liebende«, sagte sie.

Er wußte, was sie meinte. Sie würde sich nicht mehr vor den Gebeinen fürchten. Der Mann und die Frau waren gemeinsam gestorben.

»Ich glaube, es würde mir gar nichts ausmachen, wenn es nur schnell ginge«, sagte sie und ergriff seine Hand.

Danecki fragte sich, wie das Leben mit ihr sein mochte. Er hoffte nur, daß sie es nie erfahren würde, wie sehr er sich wegen des wahnsinnigen Jahres verabscheute. Sie bemerkte seinen finsteren Blick.

»Du schämst dich! Du hältst mich nicht für die Richtige.«

Wenn sie nur wüßte, dachte er.

»Ich schäme mich. Bin glücklich. Verliebt. Überwältigt. Verzweifelt. Voll Angst. Alles zusammen. Aber ich schäme mich nur, weil ich nie der Mann sein kann, den du verdient hast.«

Khalia sah, daß er es ernst meinte.

»Ich bin auch ein Opfer«, sagte sie. »Mädchen in meinem Alter haben ein, zwei Jahre Freiheit, dann beginnt das genetische Programm. Verstehst du denn nicht, ich hätte nie Gelegenheit gehabt, selbst einen Mann zu finden. Ich dachte, ich würde durch die Computer vergeben werden. Wir dürfen nicht selbst wählen – und jetzt kann ich es und habe es getan! Auf meiner Welt wird man als Frau für sein ganzes Leben programmiert.«

Danecki hatte von solchen unsinnigen genetischen Experimenten gehört. Die Galaktische Zentrale griff aber nicht ein, ebensowenig wie sie das Blutrachesystem auf seinem eigenen zurückgebliebenen Planeten unterband. Was Khalia beschrieb, wirkte geschmacklos: Eine zentrale Stelle bestimmte die genetische Struktur der gesamten Bevölkerung. Niemand durfte sich ausschließen.

Er überlegte, ob er ihr sagen sollte, daß die Jacobis Schulkinder ausschicken würden, um seinen Tod herbeizuführen, wenn er dem letzten erwachsenen Mann des Clans entkommen sollte.

Sie sah ihn gebannt an.

»Es ist mein Ernst, Danecki! Ich habe mein ganzes Leben hindurch auf Männer geachtet. Ich fragte mich, was ich wollte. Jetzt weiß ich es! Ich habe gesagt, ich verlasse dich nie, und das ist mein Ernst!«

»Wohin gehen wir?« fragte das Mädchen. »Führt der Weg hier nicht zurück zur Befehlszentrale?«

»Wohin können wir sonst gehen? Hier unten erreichen wir nichts. Die Steuersysteme der Armee sind gut versteckt, und Batibasaga ist nicht hier. Wenn wir die Wartungsanlagen finden könnten –« Er blieb stehen. Sie hatten die steilen Windungen des Tunnels erreicht.

»Was ist?«

Danecki sah sie an.

»Ich könnte dich hier unten lassen. Da wärst du sicher.«

»Nein! Ich meine es ernst!«

»Also gut.«

Sie kamen zu den Gebeinen und hielten sich aneinander fest. Den weißen, regelmäßigen Gebissen nach war das auf einem Haufen liegende Paar jung gewesen. Danecki untersuchte die gebleichten Knochen nach Spuren von Gewalt. In dem kleineren, weiblichen Schädel entdeckte er ein kleines, rundes Loch. Am Skelett des Mannes, dessen Überreste mit den ihren vermischt waren, fand sich nichts.

»Wie sind sie hereingekommen?« flüsterte er. »Wie nur? Wenn wir das wüßten, hätten wir vielleicht eine Chance.«

»Was nun?« fragte Khalia.

Danecki stieg über die Gebeine.

»Wir gehen weiter.«

Nach der nächsten Biegung wurden sie von einem durchdringenden Pfeifton zum Stehen gebracht.

»Technische Defekte in Geschoß Neun! Wartungsanlagen nicht fähig, korrekt vorzugehen!«

»Bericht!« sagte die Stimme aus der Zentrale.

»Meine Systeme arbeiten nicht vollständig«, erklärte die rauhe Stimme des Sicherheitssystems. »Ich brauche Vorrang beim Einsatz der Wartungsanlagen!«

Danecki lauschte angestrengt.

»Über Prioritäten entscheide ich«, sagte die Zentrale.

»Du hast die Funktion, Entscheidungen zu treffen«, bestätigte die andere Stimme. »Ich habe ungenügende Leistungen zu melden.«

»Zutreffend!«

Das Netz aus schwarzen Trossen schwang sich genau in diesem Augenblick herab.

Danecki sah es und riß das Mädchen zurück durch den Korridor. Die Trossen folgten, große, schwarze, sich windende Spiralen aus einem Material, das lebendig zu sein schien.

Er riß den primitiven Strahler hoch und drückte ab. Klumpen schwarzen und gelben Feuers schossen daraus hervor.

»Lauf!« schrie er, aber es gab keinen Fluchtweg, denn auch hinten tauchten Trossen auf.

Das schwarze und gelbe Feuer verzehrte die fasrigen Spiralen, graue Asche stäubte herab, besprühte die Gebeine.

»Eindringlinge!« brüllte eine Stimme. »Meine Systeme in den Zugängen zu Geschoß Neun funktionieren wieder! Eindringlinge!«

»Festnehmen«, rief die Zentrale.

»Einer ist bewaffnet«, meldete das Sicherheitssystem.

Der Strahler zuckte noch einmal und hörte auf zu feuern.

Danecki rutschte durch die heiße, graue Asche und schob das Mädchen hinter sich, in einem letzten verzweifelten Versuch, das schwarze Unheil von ihr fernzuhalten. Er stolperte über den Brustkorb des für sich liegenden Skeletts; das Messer flog klirrend durch den Korridor. Eine schmale, schwarze Trosse schlug ihm den Strahler aus der Hand.

Er sah, wie sich das Tau in eine Öffnung zurückzog und die Pistole am Abzugsbügel hielt.

Er hörte das Mädchen schreien: »Sie haben mich! Danecki!«

»Jetzt unbewaffnet!« meldete die Stimme hallend.

Die Trossen erfaßten ihn, als er aufzustehen versuchte. Sie hielten ihn fest. Er war verpackt wie ein wertvolles Ersatzteil.

Wo war Khalia?

Aber Danecki hing mit dem Kopf nach unten in den Trossen. Er konnte sich nicht bewegen. Er sah helles Licht im Tunnel, dann wurde er duch eine schwarze Öffnung in der Decke gezogen. Wind umrauschte ihn.

Wo war er?

Er versuchte verzweifelt, sich zu befreien, aber die Trossen legten sich sofort enger um ihn. Als er schrie, legte sich etwas Weiches auf seinen Mund. Er bekam keine Luft mehr, das Polster wurde entfernt.

Es dauerte nur Sekunden und endete so plötzlich, wie es begonnen hatte.

Vom Licht geblendet, taumelte er, als ihn das Netz absetzte. Er trat ein paar Schritte vor, blinzelte und rieb sich die Augen. Jemand packte ihn an der Schulter.

»Ah, Mr. Danecki. Sie leisten uns Gesellschaft.«

11

Danecki stolperte aus der Dunkelheit in das sanfte Licht eines komfortablen, aber fremdartigen Raumes.

»Sie auch«, rief Wardle. »Haben Sie den Roboter gefunden?«

Danecki schaute sich um. Es gab keine Tür. Er mußte durch eine verborgene Öffnung hereingestoßen worden sein.

»Khalia! Wo ist sie?«

»Die junge Dame?« sagte Dross und kehrte zu dem Sessel zurück, aus dem er sich eben erhoben hatte. »Nein. Sie ist nicht hier. War sie nicht bei Ihnen?«

»Danecki! Verdammt noch mal, können Sie nicht antworten? Haben Sie den Roboter gesehen? Wir verlassen uns auf Sie. Sie sind – na, eine halbe Stunde weggewesen. Länger. Und die Zeit verrinnt, Mann!«

Der Raum erfüllte Danecki mit Hoffnungslosigkeit. Es mußte Ausgänge geben, dachte er. Aber er sah nur eine Reihe von Gestellen mit Schlafsofas. Auf einem lag der Wiederbelebte, daneben Mrs. Zulkifar. Von einem Ausgang war nichts zu sehen. Der Raum war dazu bestimmt, zu verwirren, die Orientierung zu nehmen, die Initiative zu zerstören. Danecki erkannte, woher der fremdartige Eindruck rührte. Eine Wand schien um die Hälfte höher zu sein als die andere, aber das war eine Illusion. Die Metalle von Decken, Boden und den Wänden waren in verschiedenen Legierungen angeordnet. Man konnte Muster, Umrisse, Gesichter hineinlesen. Man konnte sich in den seltsamen Windungen verirren und an seinem Verstand zu zweifeln beginnen.

»Kein Weg nach draußen«, sagte Dross. »Wir haben jeden Zentimeter abgesucht.«

»Aber das Mädchen!« fauchte Danecki. »Sie war bei mir! Wir sind gemeisam erwischt worden – die schwarzen Taue haben uns gleichzeitig erwischt!«

»Kluge Einrichtung«, meinte Dross. »Ja. War wohl zu erwarten.«

»Danecki, wir haben kaum noch fünf Stunden, bis das Ganze hier in die Luft fliegt«, sagte Wardle. »Versuchen Sie, sich und uns zu helfen! Wo sind Sie gewesen? Was haben Sie gesehen?«

»Wo kann Khalia sein?« wiederholte Danecki dumpf.

»Das ist doch nur eine Person!« fuhr ihn Wardle an. »Um sie können wir uns jetzt nicht kümmern!«

Danecki packte ihn am Rock. Wardle war nicht klein, aber Danecki hob ihn hoch. Der Brigadier starrte in seine funkelnden Augen. Er erinnerte sich daran, daß Danecki am Morgen getötet hatte. Er begann zu stottern, aber Danecki schnitt ihm das Wort ab.

»Ich mache mir Sorgen! Tun Sie es auch! Wo ist sie?«

»Beruhigen Sie sich«, sagte Dross.

Danecki stellte Wardle auf die Beine, und der Haß in seinen Augen erlosch.

»Keine Spur«, sagte Dross. »Tut mir leid. Nur ich und der Brigadier, Mr. Mondmann, der sich in einem Schockzustand befindet und nicht reagiert, wenn man ihn anspricht, und die arme Mrs. Zulkifar. Sie schrie die ganze Zeit, als sie sich in dem schwarzen Schacht befand. Als die Trossen sie ablieferten, wurde sie von einem Narkosespray besprüht und in das Gestell gelegt.«

Danecki schüttelte den Kopf. Er sah Wardle an.

»Entschuldigen Sie.«

»Äh, ja. Schlimme Geschichte. Schon gut.«

Dross setzte sich.

»Beruhigen Sie sich, Mrs. Danecki. Essen Sie etwas. Machen Sie sich sauber. Alles Nötige steht zur Verfügung. Wir sind Gefangene, aber die Konföderationsgespenster, die uns festhalten, sind keine Wilden. Essen Sie, trinken Sie. Wir wollen es doch bequem haben, wenn wir in die Luft fliegen.«

»Jacobi?« fragte Danecki.

»Bisher ist er nicht aufgetaucht. Und Ihre Auseinandersetzung ist jetzt ziemlich sinnlos.«

»Das war sie schon immer«, erwiderte Danecki.

Wardle führte Danecki zum Nahrungsautomaten und drückte Knöpfe.

»Kaum eßbar, aber was will man nach tausend Jahren verlangen?«

Die Nahrung war warm, breiig und sättigend. Danecki aß, während Dross berichtete.

»Eine ungeheure Anlage, Mr. Danecki! Eine Welt voll elektronischer Gespenster, die den Ablauf der Zeit ignoriert. Wächter, die so still und geheimnisvoll sind wie Wärter in einem Leichenhaus. Ein Gefängnis, das dem Insassen jede Hoffnung nimmt. Wir sind in einem Gefängnis innerhalb einer Festung. Stellen Sie sich das vor! Ein Gefängnis in einem Gefängnis! Aber Mr. Mondmann will nichts damit zu tun haben. Sehen Sie ihn an! Er hat sich allen Gespenstern entzogen. Selbsthypnose, denke ich. Er ist in den Zustand zurückgefallen, in dem sich sein ganzes Volk nach der Katastrophe auf seinem Planeten zwei Jahrhunderte lang befunden hat. Unglaublich, wie wir auf die Belastungen des Lebens reagieren, nicht, Mr. Danecki?«

Danecki wusch sich.

»Bitte!« sagte Wardle. »Sie wissen etwas – sagen Sie es uns, Danecki!«

»Ja.« Er nahm sich zusammen. Der Gedanke an Khalia wollte ihn nicht loslassen. »Unten im tiefsten Geschoß. Stockwerk Neun. Wir liefen durch einen gewundenen Korridor und fanden eine Armee von Kampfrobotern.«

»Kampfroboter?« flüsterte Wardle. »Doktor?«

Dross und Wardle starrten Danecki an.

»Tausende«, sagte Danecki. »Wir haben sie gesehen. Alle marschbereit.«

»›Die Regimenter der Nacht!‹« sagte Dross staunend. »Die Schwarze Armee aus der Legende! Wissen Sie, was Sie entdeckt haben, Mr. Danecki? Wissen Sie das?«

»Ich glaube schon.«

»Sie sind auf der Suche nach einem Roboter gewesen und haben eine ganze Armee gefunden«, meinte Dross.

Danecki wurde mit Fragen überschüttet. Dross und Wardle waren glücklich wie Kinder.

»Das größte Rätsel ist noch ungelöst«, sagte Dross schließlich. »Warum ist sie nicht marschiert?«

»Ja«, sagte Wardle betroffen. »Die Armee ist nicht marschiert.«

»Sie wird marschieren«, sagte Danecki. »In etwa fünf Stunden.«

Wardle sprach begeistert von den Kämpfen an der Oberfläche.

»Unfaßbar!« meinte er. »Die Schwarze Armee! Ich möchte sie sehen – es würde sich beinahe lohnen –«

Er verstummte.

»Es kommt noch mehr, nicht wahr?« fragte Dross.

»Ja.« Danecki schwieg einen Augenblick. »Im Tunnel, der zur Schwarzen Armee führt, liegen drei Skelette.«

Dross riß die Augen auf.

»Drei Skelette!« rief Wardle. »Drei! Aber das ist unmöglich. Die Anlage hätte das nie zugelassen. Sie können nicht eingedrungen sein. Der einzige Zugang führt durch den Fallschacht, und sie hätten ihn zerstört wie wir, wenn sie so hereingekommen wären.«

Dross blieb stumm.

Nach einiger Zeit trat Wardle wieder auf Danecki zu und sagte: »Ist es Ihnen schon aufgefallen?«

»Aufgefallen? Was?«

»Das dachte ich mir. Ich habe es auch erst vor ein paar Minuten bemerkt.«

Dross überraschte Danecki damit, daß er seine Antwort an Wardle unterbrach.

»Ich glaube, Mr. Danecki hatte noch keine Gelegenheit, in Ruhe nachzudenken. Warum ist es so still? Weshalb beachten uns die Steuersysteme nicht?«

»Wir sind genau siebenundvierzig Minuten hier«, warf Wardle ein. »Die ganze Zeit kein Wort. Kein Verhör, keine Anordnungen, keine Information. Nichts!«

»Und?« sagte Danecki. Er spürte, wie die Müdigkeit der Hoffnung Platz machte.

»Ich glaube, das Fort will mit uns nichts zu tun haben«, erklärte Dross. »Ich glaube, es macht sich Sorgen.«

»Von unserem Eintreffen an wurden ständig Mitteilungen gemacht«, sagte Wardle. »Jetzt herrscht Ruhe. Weshalb?«

»Ich muß nachdenken«, sagte Dross. »Es gibt so viel zu verarbeiten.« Er lehnte sich zurück und sah an den beiden Männern vorbei. »Das Fort – dieses technische Wunderwerk – befindet sich in den Anfangsstadien einer traumatischen Erfahrung. Zum erstenmal in seiner Geschichte halten sich Menschen nämlich nicht an die Regeln.«

»Regeln, Doktor, was für Regeln?«

»Nur Geduld, Brigadier. Es bestand ungeschoren weiter, gespeist von Energiequellen, die sich vielleicht immer wieder erneuern. Es wartete auf den letzten Befehl der Konföderation. Und was geschieht?« Dross hob die Hand. »Als endlich eine Gruppe unidentifizierbarer Menschen erscheint, will sie die Verantwortung des Kommandos nicht übernehmen!«

»Verdammt noch mal, wir hätten die Vernichtungsorder ausgelöst!« brummte Wardle. »Wie hätten wir das Kommando übernehmen können?«

»Gewiß. Tut nichts zur Sache, aber es stimmt. Das größte Problem für das Fort besteht übrigens nicht darin, daß wir das Kommando nicht übernommen haben, obwohl das schlimm genug ist. Nein. Ärger ist noch das Versagen eines internen Bestandteils des Kommandosystems, das die Armee in Marsch zu setzen gehabt hätte.« Dross sah Danecki ins Gesicht. »Tausend Jahre lang tickte das Fort vor sich hin und versuchte herauszubekommen, weshalb es in dieser Zeit seine Funktion nicht erfüllt habe. Bedenken Sie seine Erleichterung, als endlich Kontakt mit seinen Erbauern hergestellt wird!«

Danecki dachte an die schimmernden Computerkonsolen mit ihren kalten, kaum beweglichen Datenspeichern und dem unlösbaren Problem.

»Wir kamen den Fallschacht herunter. Wir *waren* Konföderationspersonal – sonst hätten wir den Schacht nicht benützt. Wir waren praktisch Soldaten der Konföderation! Und was passiert? Das ist das Problem, mit dem sich die Anlage jetzt befassen muß – sie hat es gegen die Tatsache zu stellen, daß die Schwarze Armee tausend Jahre lang in Bereitschaft gehalten worden ist.«

»Das Fort erwartet von uns, daß wir handeln«, sagte Danecki.

»Genau! Und wir tun nichts. Wir senden die Schwarze Armee nicht hinaus, wir übernehmen nicht das Kommando, um den Vernichtungscountdown zu stoppen. Wir erklären unser Eindringen nicht, und als uns das Fort anfleht, den Diensthabenden Kommandeur zu präsentieren, ignorieren wir es.

Betrachten Sie die Lage einmal von Standpunkt des Forts aus. Es muß unsere Ankunft logisch verdauen. Das bedeutet, daß wir einen bestimmten Ablauf auslösen sollten. Folgendermaßen müßte das gehen: Der Mensch kommt herein, das Fort bietet Handsteuerung mit Sensoren zur direkten Befehlsübertragung an, der Mensch ordnet an, das Fort gehorcht. Aber wie war es bei uns? Gewiß, Menschen kamen herein, und zwar auf dem für Befugte üblichen Weg. Dann begibt sich, was da hereingekommen ist, aber zu Vorrats-, Verwaltungs- und Waffenanlagen, ohne sich bei der Befehlszentrale zu identifizieren!

Schlimmer noch, als ein Zustand höchster Gefahr angekündigt wird, beachtet der Mensch, der etwas tun müßte, das zentrale Kommandosystem überhaupt nicht. Das ganze tausend Jahre alte Dilemma wird noch verstärkt! Können Sie sich die Unruhe in den

Systemen des Forts vorstellen, nachdem unser Handeln – oder Nicht-Handeln – von den Entscheidungscomputern analysiert worden ist?«

»Was sollen wir tun, Doktor?« fragte Wardle. »In den paar Stunden, die uns noch bleiben?«

»Ich muß nachdenken«, sagte Dross.

Danecki suchte die Wand Zentimeter für Zentimeter ab. Es war nur eine Geste, denn welchen Trick die Erbauer auch angewendet haben mochten, die merkwürdigen Metalltafeln ließen keine Fuge, keinen Ritz erkennen. Nach einiger Zeit gab er auf.

Er dachte an die letzten Soldaten der Konföderation. Vor welcher Entscheidung hatten sie gestanden, als die Gegner durchgebrochen und in den riesigen Stützpunkt an der Erdoberfläche eingedrungen waren? Wie waren sie umgekommen?

»In den Systemen des Forts muß heillose Verwirrung herrschen«, sagte Dross nach einer langen Pause. »Wer sind wir? Spione? Saboteure? Zivilisten aus der Konföderation, die zufällig hier hereingeraten sind? Feindliche Kundschafter? Und was soll man gegen uns unternehmen? Stellen Sie sich die Unruhe in den Logikmaschinen vor!«

»Im Korridor, der zum Geschoß Neun führt, herrschte Durcheinander«, sagte Danecki. »Die Maschinen wußte nicht recht, wie sie sich entscheiden sollten. Die Sicherheitssysteme verlangten Vorrang für den Einsatz von Wartungsmaschinen. Die Befehlszentrale rief sie zur Ordnung.«

»Interessant«, sagte Dross. »Ein Teil der Unruhe und Verwirrung, die ich meine. Es fällt nämlich sehr leicht, sich diese ganze Anlage als Gesamtwesen, als Person vorzustellen.«

»Ist sie das nicht?« fragte Wardle.

»Sie mag es einmal gewesen sein, aber jetzt nicht mehr. Ich glaube, daß die Anlage noch genau dieselbe ist wie im Dritten Jahrtausend, als man sie baute.«

»Was?« stieß Wardle hervor. »Das ist *nicht* das verschwundene Fort?«

»Ja und nein«, sagte Dross nicht ohne Selbstzufriedenheit.

Danecki hätte gelächelt, wäre die Lage nicht so ernst gewesen.

»Es ist eine Maschine, die noch tödlicher ist als die von der Konföderation gebaute, Brigadier«, fuhr Dross fort.

»Wieso?« fragte Danecki.

»Ich glaube, daß die verschiedenen Systeme jeweils eine eigene

Entwicklung durchgemacht haben«, antwortete Dross. »Jeder Bestandteil der Anlage muß mehrmals erneuert worden sein. Jedes einzelne System, das der Anlage dient, muß zur Gänze ersetzt worden sein. Und ich halte es durchaus für möglich, daß ein evolutionärer Prozeß stattgefunden hat.« Dross schwieg einige Augenblicke. »Ich habe keinen Zweifel daran, daß erregte Botschaften hin- und hergehen und den Diensthabenden Kommandeur auffordern, seinen Posten zu übernehmen. Seltsam! Ein Mann, der sicherlich vor tausend Jahren tapfer gestorben ist. Was für ein Mensch war er? Wissen Sie, Mr. Danecki, im Grunde ist er der wichtigste Faktor überhaupt. Wenn wir ihn kennen würden, könnten wir die Steuerung beherrschen!«

»Das liegt nahe«, sagte Wardle. »Aber die Zeit vergeht, Doktor. Was zum Teufel sollen wir tun?«

»Ja«, sagte Danecki, und die Ungeduld flutete in ihm hoch. »Was können wir tun?«

»Das Fort könnte plötzlich überschnappen, Doktor!« drängte Wardle.

»Dazu könnte es durchaus kommen«, gab Dross zu. »Ich glaube sogar, daß in dieser Möglichkeit unsere einzige Chance zur Flucht liegt.«

Danecki mußte wider Willen lächeln. Dross war in Hochform. Das Lächeln erstarrte, als er an Khalia und die wenigen Stunden dachte, die zwischen ihnen und der totalen Zerstörung des Forts lagen.

»Was?« entfuhr es Wardle schließlich. »Was behaupten Sie da?«

»Lassen Sie mich nachdenken«, sagte Dross.

12

Die Zeit vertropfte. Während Dross die Augen schloß und die Fingerspitzen aneinanderpreßte, ging der Brigadier hin und her.

Danecki durchlebte die Augenblicke der Zärtlichkeit mit Khalia noch einmal, aber dazwischen drängten sich immer wieder die Bilder der unbarmherzigen Jagd der Jacobis auf ihr Opfer.

Wardle konnte schließlich nicht mehr an sich halten.

»Scheußliche Sache, das mit Ihnen, Danecki. Dieser zugelassene Jäger, Jacobi. Ich hätte nie gedacht, daß es diese Blutrache noch gibt.« Er wartete einen Augenblick und meinte dann verlegen:

»Das Mädchen ändert alles, nicht wahr?«

»Allerdings«, sagte Danecki. Er sah Wardle an. »Ich hätte nicht über Sie herfallen sollen.«

»Schon gut, das war verständlich. Aber stellen Sie sich vor, Danecki, die Schwarze Armee! Ich habe die Legende vor über einem Vierteljahrhundert zum erstenmal gehört. Und die ganze Zeit über war sie hier. Seltsam, nicht? Sie empfinden das sicher ähnlich.« Er schwieg kurze Zeit. »Ist nichts dran an dem, was der Junge sagt?«

Danecki wußte, was er meinte. War er, Danecki, ein kaltblütiger Mörder oder nicht. Es spielte keine Rolle, was Wardle glaubte, aber es kam ihm jetzt darauf an, daß auch andere die Wahrheit erfuhren. Es war wenig Zeit geblieben, die Justizmaschinen von seiner Unschuld zu überzeugen. Die Tatsachen waren unwiderleglich gewesen.

»Mord?« sagte er zu Wardle. »Die Justizmaschine kam zu dem Urteil, daß davon keine Rede sein konnte. Trotzdem wurde Jacobi gestattet, eine Rachelizenz zu erwerben. Wir sind ein primitives System, Brigadier. Zwei Sonnen und über hundert Planeten. Die meisten können ohne regelmäßige Lieferung von Spurenmineralien nicht benutzt werden – sie brauchen ungefähr einmal im Jahr ein Raumschiff, um die künstliche Atmosphäre zu regulieren. Die Jacobis hatte die Raumrouten unter Kontrolle. Sie würden sie Piraten nennen. Sie bezeichneten sich als Raumhandelskontrolleure. Das war ein Witz bei ihnen: Sie sagten, sie regelten den Verkehr, sorgten dafür, daß es keine Unfälle gebe, daß alles seinen Gang gehe. Wenn man sie nicht bezahlte, traf das Schiff nicht ein. Ich weiß nicht, wie sie es gemacht haben, denn ein Schiff, das verlorenging, tauchte nie wieder auf. Es hatte nur einen Mann Besatzung und war nicht sehr groß. Aber die Jacobis hatten Klarheit geschaffen. Sie halten das wohl für einen sehr betrüblichen Zustand, nicht?«

»Ich habe schon Schlimmeres gehört«, meinte Wardle kurz. In seinen Augen blitzte es zornig auf, und Danecki fragte sich, ob der alte Soldat wirklich so untüchtig und verkalkt war, wie es den Anschein hatte. »Ihrer Linie sollte eine Lektion erteilt werden?«

»Ich hätte den Angriff nicht bemerkt, wenn ich nicht schon Ärger mit den Raumwracksensoren gehabt hätte. Ich wäre beinahe mit dem Wrack eines riesigen Hyperraumfahrzeugs zusammengestoßen und führte deshalb meine eigenen Beobachtungen durch. Es waren zwei – kleine Schiffe mit Abschirmungen, die sie als Meteoritenschwarm erscheinen ließen. Normalerweise wäre ich hindurchgeflogen und hätte ein paar Lecks hingenommen, die sich sowieso selbst abgedichtet hätten.«

»Zwei Schiffe?«

»Jacobi hat recht, wenn er sagt, daß ich getötet habe. Das zweite Schiff war ein kleines Vergnügungsboot. Ich stellte mir nicht gern vor, daß sie mitkamen, um sich den Spaß anzusehen. Die Schwester und ihre Kinder waren an Bord.«

Danecki versuchte das Bild der Begegnung zu löschen, die Manöver seines Raumschiffs. Er versuchte zu vergessen, welch plötzliche, instiktive Fähigkeiten er in den Augenblicken der Verzweiflung entwickelt hatte.

»Sie haben beide Schiffe zerstört?«

»Beide.«

Und später noch mehr. Immer mehr. Bis nur noch zwei junge Männer übrigblieben, jeder ein wilder, unerbittlicher Gegner.

»Die Galaktische Zentrale sollte die Blutrache verbieten«, sagte der Brigadier.

»Sie wird es nicht tun«, warf Dross ein. »Das ist ja der springende Punkt. Wir haben vor Hunderten von Jahren gelernt, daß zentrale Kontrolle nicht funktioniert. Es hat der Irren Kriege bedurft, um uns das beizubringen.« Er richtete den Blick auf Danecki. »Ich empfinde mit Ihnen«, meinte er. »Man hört nicht oft eine so schrecklich Geschichte. Sie sind nicht nur ein Opfer der Umstände. Es ist beinahe etwas Griechisches an Ihnen, ich denke an die Antike: Gejagt, gezwungen, gegen Ihren Willen zu töten, stoßen Sie plötzlich auf die Liebe – man sieht es Ihnen an, Mann, bestreiten Sie es nicht – und warten darauf, daß das Schicksal Sie auslöscht.« Dross deutete auf den Nahrungsautomaten. »Ersparen Sie einem alten Mann die Mühe«, sagte er. »Bringen Sie mir ein anregendes Getränk.«

Danecki drückte auf die Knöpfe, und eine bernsteinfarberne Flüssigkeit füllte das Glas.

»Erträglich«, sagte Dross, als er die Hälfte getrunken hatte. »Recht stark. Merkwürdiger Geschmack. Also. Sparen Sie sich Ihre Erinnerungen für die junge Dame auf, Danecki. Aber denken Sie an sie. Erzählen Sie mir noch einmal von Ihrer Entdeckung. Ich habe darüber nachgedacht, vermute aber, daß Sie mir nicht alles erzählt haben.«

Danecki unterdrückte seine Ungeduld und berichtete von den Funden.

»Die Gebeine«, sagte Dross. »Fangen Sie mit den Gebeinen an.«
Danecki begann noch einmal.

»Zwei getrennte Haufen. Keine Kleidung. Ich bin ganz sicher. Ich habe beim zweitenmal nach Verletzungsspuren gesucht.«

»Kunststoff, der sich automatisch auflöst«, bestätigte Dross. »Ja. Kleidung und gesamte Ausrüstung zweifellos mit einem zeitlich begrenzt wirkenden Reagens getränkt. Deshalb haben Sie nackte Knochen gesehen. Das Gewebe zerfiel, und durch die Bewegung der Luft wurde der Staub verweht. Ich habe das auch oben in den Ruinen gesehen.« Er nickte Danecki zu.

»Ich sah mir die Schädel an, entdeckte das Loch in dem kleineren. Nachdem die Stimmen wieder laut geworden waren, erschienen die schwarzen Trossen.«

»Sie hoben den Strahler auf«, sagte Dross leise. »Sie sprangen danach – Sie haben ihn gesehen. Sie haben den Mechanismus geprüft – haben Sie sich das Ding betrachtet?«

»Betrachtet?«

»Wie sah es aus?«

»Konventioneller Impulsstrahler? Hitzestrahler? Schwarzschattenfusor? Handfeuerwaffe? Gewicht?« fragte Wardle.

»Handfeuerwaffe«, sagte Danecki. »Nicht schwer. Sie paßte genau, und der Mechanismus war sofort aktionsbereit, als ich zielte. Ich habe gar nicht überlegt. Zielen, abdrücken, feuern. Es war ein Ionenstrahlwerfer, der die Trossen zu zerstören vermochte. Sie verbrannten grau, und man sah Kunststoffklumpen. Der Strahl erfaßte die Metallwände des Tunnels. Das Metall warf sich, hielt aber stand.«

»Die Waffe kann aus jeder beliebigen Zeit stammen«, meinte Dross. »Die Konföderation hat sie benutzt, aber auch ihre Gegner. Sie haben mir nicht eine einzige, unwiderlegliche Tatsache geliefert, die ich dem Fort präsentieren könnte. Eine Tatsache, Mr. Danecki! Nur eine einzige!«

»Denken Sie nach, Danecki!« drängte Wardle. »Was hat das Mädchen gesagt? Ist ihr etwas aufgefallen?«

»Sie sagte, die beiden Skelette, das seien Liebende gewesen.«
Dross nickte.

»Schon möglich, daß es sich um ein Liebespaar gehandelt hat. Aber Angreifer auf einer Selbstmordmission oder zwei Menschen der Konföderation, die eine letzte Zuflucht suchten? Ich muß nachdenken.«

»Vier Stunden und fünfzig Minuten«, sagte Wardle.

Der Raum schien enger zu werden. Sogar Dross wirkte unruhig. Er schloß die Augen und bewegte die Lippen, blieb aber stumm.

Wardle ging hin und her. Schließlich zeigte er Danecki den bewußtlosen Mr. Mondmann. Der Wiederbelebte lag mit offenen Augen da. Danecki sah die lange, gelbe Nase aus einem hageren Gesicht ragen.

»Das umhegt er, seit er hier ist«, sagte Wardle.

Er wies auf den seltsamen Roboterschädel, den Danecki zuletzt neben Batibasaga am Boden der Befehlszentrale gesehen hatte. Mr. Mondmann hielt den schmutzbedeckten Kopf im Arm, als sei er ein schrecklicher und doch tröstender Begleiter.

»Er ist durch die halbe Galaxis gereist, und dann findet er das«, meinte er bedrückt.

Der unheimliche Kopf hatte in den Ereignissen des langen Tages eine merkwürdige Rolle gespielt. Er war erst an diesem Morgen gefunden worden, dann hatte er als Waffe gedient. Nun tröstete er Mr. Mondmann.

In diesem Augenblick sah Danecki plötzlich in voller Klarheit die Strahlerpistole vor sich, als eine Trosse sie ihm aus der Hand geschlagen hatte.

»Drei aufgehende Sonnen«, sagte er laut. »Doktor. Der Strahler!«

Mrs. Zulkifar wimmerte im Schlaf.

Dross öffnete die Augen.

»Erzählen Sie, Mr. Danecki!«

»Sie haben es!« sagte Wardle, als Danecki verstummte. »Drei aufgehende Sonnen waren das Wappen der Konföderation – die drei auf den Planeten aufgehenden Sonnen!«

Dross stand auf. Er war eine eindrucksvolle Gestalt.

»Ich habe eine Tatsache verlangt«, sagte er sonor. Er machte eine Pause. »Sie haben Sie mir gegeben! Ich, Dross, werde euch alle retten!«

»Die Zeit, Doktor!« sagte Wardle. »Die Zeit!«

Dross achtete nicht auf ihn.

»Es ist unbestreitbar! Weshalb das Beharren auf der Anwesenheit des Diensthabenden Kommandeurs? Weshalb die beinahe schuldbewußten Schwätzereien? Warum sind wir eingesperrt worden, ohne daß man etwas aus uns herauszubringen versucht? Weshalb das alles? Weil das Fort unsicher ist! Weil es glaubt, daß es etwas ungeheuer Dummes getan haben könnte! Und deshalb kann

Dross euch alle retten – und das Fort, die größte archäologische Entdeckung des Jahrtausends, dazu!« Er wies auf Danecki. »Ihr Mut und Ihre Beharrlichkeit haben dazu beigetragen, ganz ohne Zweifel. Durch Ihre Angaben haben Sie es dem Gehirn in diesem Schädel hier ermöglicht, die Bruchstücke der Legende und der Fakten, die sonst nicht verwertbar gewesen wären, zusammenzufügen. Der Kommandeur – er ist es, den Sie mitgebracht haben. Der Kommandeur, dessen Waffe Sie gebrauchten, bis sie nicht mehr funktionieren wollte. Der Kommandeur, dessen Skelett unter uns am Eingang zum Geschoß Neun liegt!«

»Ja«, sagte Danecki. »Es wäre möglich.«

»Und was nützt uns das?« fragte Wardle.

»Wenn wir über den Diensthabenden Kommandeur Bescheid wissen, erkennen wir auch die schreckliche Unsicherheit des Forts, Brigadier. Aber der Schlüssel ist die Waffe – drei aufgehende Sonnen auf dem Strahler! Die Handfeuerwaffe der Konföderationsoffiziere. Nur sie trugen die Insignien der Konföderation! Und wer außer einem Offizier der Konföderation könnte in das Fort gelangen?«

»Aber die anderen, Doktor? Was ist mit ihnen?«

»Das geht uns im Augenblick nichts an, Mr. Danecki. Für uns ist nur der Kommandeur wichtig. Wenn wir ihn kontrollieren, dann auch das Fort!«

Dross schaute sich um. Er suchte nach einem geeigneten Gegenüber für seine Rede. Eine Rede würde es werden, das sah Danecki. Endlich gedachte Dross zu handeln.

Der Plan erschien unsicher. Er beruhte auf so vielen unbewiesenen und unbeweisbaren Annahmen und halben Fakten, daß er sogar in Dross' geschickter Darstellung verrückt klang. Danecki erkannte die Schwächen, vertraute aber dem Instinkt des beleibten Archäologen.

Dross sprach zur Decke hinauf.

»Wir sind bereit, uns zu erkennen zu geben!« rief er. Nach einer Pause wiederholte er den Satz.

Sie lauschten, aber alles blieb still. Keine metallische Stimme würde sich melden, wenn Dross recht hatte. Nicht, bis die unwiderlegbaren Tatsachen präsentiert wurden.

»Ich wende mich an das Sicherheitssystem! Du mußt die Botschaft an die Befehlszentrale weiterleiten!«

Die Worte hallten von der Decke zurück.

Dross sprach lauter.

»Wir sind Zivilisten der Konföderation! Wir haben außerhalb des Fortbereichs überlebt! Ich bringe Nachrichten über ein Eindringen in die unteren Geschosse.«

Noch immer blieb es still. Mrs. Zulkifar regte sich. Das war alles. »Die Schwarze Armee ist in Gefahr!«

Das mußte das Fort alarmieren! Danecki lauschte angestrengt.

Nichts!

»Der Diensthabende Kommandeur ist getötet worden! Man hat ihm seine Waffe weggenommen. Sie befindet sich im Besitz des Sicherheitssystems.« Dross machte eine Pause. »Wir sind Überlebende der Konföderation! Seitdem alle anderen in dieser Anlage starben, sind tausend Jahre vergangen! Der Kommandeur ist tot. Zwei Eindringlinge sind von ihm erschossen worden. Du bist eine Roboteranlage! Du bist tausend Jahre alt!«

Mrs. Zulkifar setzte sich keuchend auf.

»Das dürfen Sie nicht sagen! Das darf die Anlage nicht wissen! Wer weiß, was sie tut! Wir hätten doch nur zu warten brauchen, Doktor!«

Sie richtete sich auf, aber Danecki hielt sie zurück und legte ihr die Hand auf den Mund.

»Diese Anlage wird nicht von einem Menschen geleitet!« fuhr Dross fort. »Der Diensthabende Kommandeur ist tot. Wir sind Konföderierte!«

Der Raum schien ein wenig zu schwanken. Danecki bemerkte es, Wardle ebenfalls.

Dross nickte. Ihm war das schwache Pulsieren auch aufgefallen. Er schwieg geraume Zeit, bevor er zum letzten Teil seiner Rede kam.

Das Fort lauschte. Schaltkreise hatten sich geschlossen. Im Raum herrschte eine seltsam gespannte Atmosphäre, die es vorher nicht gegeben hatte.

»Wir sind Konföderierte! Dein letzter offizieller Denkeinfluß ist vor tausend Jahren erfolgt. Der Kommandeur starb bei der Verteidigung der Schwarzen Armee. Bevor er starb, gab er Danecki, der hier anwesend ist, seine Waffe.«

Er deutete auf Danecki.

Das war der Plan. Danecki schaute sich nach einem Zielpunkt für seine kurze Mitteilung um. Es gab keinen, und so blickte er wie Dross nach oben.

»Ich ernenne mich zum Diensthabenden Kommandeur!«

Mrs. Zulkifar schrie gellend auf. Sie riß sich von Wardle los und zerrte die Bettdecke über die Köpfe der drei Männer. Wardle brüllte in die weiche Decke hinein, Dross erstickte halb daran, Danecki wehrte sich, weil ihm klar war, was die ihrer Sinne nicht mehr mächtige Frau vorhatte.

»Aufhören!« flehte Wardle.

»Das sind wir nicht!« hörten sie Mrs. Zulkifar schreien. »Er hat gelogen! Dross hat gelogen! Er ist kein Gentleman! Wir kommen von dem Touristenschiff – dem Hyperraumschiff, das du gesprengt hast! Ich lüge nicht! Ich achte die Gesetze. Ich halte mich an die Wahrheit. Dross lügt – Danecki lügt! Ich bin nur eine Frau! Ich will nicht sterben!«

Sie plapperte immer noch, als Danecki auf sie zusprang. Er konnte sie nicht niederschlagen, um den Lärm zu beenden. Sie war wie ein krankes Tier, das ihn mit leeren Augen entsetzt anblickte und auf den Schlag wartete.

Mrs. Zulkifar hob die Hand an den Mund und begann zu schluchzen.

Das Fort nahm den Laut auf. Es heulte.

Sie warteten, als der Raum Leben anzunehmen schien. Wände, Decke, Boden, alles wurde Teil eines entsetzlichen, ungeheuren elektronischen Aufschreis. Licht, Wirbelmuster, die Zeichnung der Metallplatten, alles verschmolz miteinander.

Die Zelle taumelte.

Das ist das Ende, dachte Danecki, als das ohrenbetäubende Knirschen und Heulen seine Trommelfelle zu sprengen drohte.

Die metallischen Stimmen, von denen die Schreie kamen, tobten mit unfaßbarer physischer Gewalt um seinen Schädel, innen und außen, drangen durch die Knochen seiner Hände, die er auf die Ohren gepreßt hatte.

Bewußtseinsspaltung!

Sein Gehirn registrierte ein Tohuwabohu von unsinnigen Befehlen. Er öffnete kurz die Augen, und die Decke stürzte über ihm zusammen, ihre irren Formen verschlangen, was vom Sehen übriggeblieben war, nachdem ihn das Getöse der stammelnden Roboter taub gemacht hatte.

Wirrwarr!

Ein dünner Spalt der Erinnerung ließ ihn nach dem Mädchen rufen, aber der Schrei kam gegen die ungeheure Gewalt des schockierten Forts nicht auf.

Erinnerung, Denken, Bewußtsein – alles verflog.

13

Danecki wäre gern gestorben.

Es gab Augenblicke der Stille, dann begann der entsetzliche Lärm von neuem. Die Schmerzen wurden durch die Pausen noch verstärkt.

Danecki sah seine Mitgefangenen lautlos in das elektronische Kreischen des Forts hineinbrüllen. Mr. Mondmann war auf den Beinen, schwankte hin und her und preßte den Roboterschädel an die keuchende Brust. Mrs. Zulkifar lief in engen Kreisen im Zimmer herum, die Decke über den Schultern, daß sie aussah wie ein geisterhaftes Wesen, mehr Hexe als Frau. Dross hatte die Arme um den Kopf geschlungen, Wardle versuchte sich in eine gepolsterte Couch zu verkriechen.

Eine Unzahl elektronischer Stimmen verlangte Aufmerksamkeit für sich.

Und dann entdeckte Danecki, daß er gegen den Sturm anzukämpfen vermochte. Das war es, was Dross gewollt hatte, begriff er: diesen ungeheuren Ausbruch der Roboterangst. Das Fort lief Amok. Es glaubte, einen Fehler begangen zu haben. Und Maschinen konnten die Vorstellung eines Fehlers nicht ertragen. Es gab in den Riesencomputern keinen Apparat dafür, der mit einem Achselzucken über Irrtümer hinweggehen konnte.

Wir reden ihm ein, daß es den Diensthabenden Kommandeur festgenommen hat! hatte Dross gesagt. Wir verwirren es völlig!

Danecki glitt viermal in die Bewußtlosigkeit und wieder hinaus. Und das Getöse ging weiter.

Bruchstücke elektronischer Berichterstattung hallten durch sein Gehirn.

»Fall Rot! Fall Rot!« brüllte eine Stimme leidenschaftlich.

»Der Diensthabende Kommandeur ist tot!« kreischte eine andere. »Sein Tod war ein Irrtum!«

»Irrtümer können berichtigt werden«, betonte eine dritte. »Man muß eine Ersatzeinheit finden.«

»Menschen können nicht repariert werden!« heulte die erste. »Die Handfeuerwaffe ist identifiziert!«

»Er ist keine tausend Jahre alt«, sagte eine neue Stimme.

Alle schrien sofort qualvoll auf.

Dross kroch hinüber zu Danecki, der inzwischen am Boden lag. Nur mühsam konnte der Archäologe Danecki die Arme vom Kopf lösen.

Sie versuchten alle beide nicht, zu sprechen.

Dross kämpfte eine Weile gegen das Geschrei an und bildete Worte auf den Lippen, damit Danecki sie ablesen konnte. Ein noch stärkerer Ausbruch elektronischer Qual zwang sie jedoch, sich mit Armen und Händen davor zu schützen.

Minuten vergingen.

Hatte Mrs. Zulkifar Dross' Plan durchkreuzt?

Gedämpfte Bruchstücke von Robotermitteilungen drangen durch die schrillen Schreie.

Danecki hörte die rauhe Stimme des Sicherheitssystems entweder Anordungen oder die Delegierung von Verantwortung verlangen.

»... dieses System muß die tausend Jahre alten Saboteure vernehmen ...«

Eine andere Stimme warf ein: »Ich habe einen überlegenen Roboter in meiner Werkstätte ... komplette Reparaturen oder in die Energieanlage damit?«

»... nicht identifizierbar!« rief dieZentrale.

Batibasaga?

Dross hatte es auch gehört.

Er fragte durch Lippenbewegung: Batibasaga?

Danecki nickte.

»... überlegener Roboter weigert sich, Wartungsroboter zu bestätigen ... funktionslos!«

»Beisetzungsteam, Achtung!« sagte eine dünne Stimme.

»... Konkubine des Diensthabenden Kommandeurs –«

Danecki fröstelte, als der Hinweis auf eine Frau im Geschnatter auftauchte.

Konkubine!

»Khalia!« schrie er, aber der Laut ging im Gedröhn unter.

»Diese Anlage ist nicht im Irrtum! Kein Mensch lebt tausend Jahre!«

»Einer meiner Gefangenen hat ausgesagt«, erklärte das Sicherheitssystem schwerfällig. »Sie sollte unter Artikel Nummer –«

»Für Entscheidungen bin ich verantwortlich!« fuhr die Zentrale dazwischen.

»Infiltrierung!« stieß eine andere Stimme hervor.

»Ich bin verwirrt«, gestand die Befehlszentrale. »Vernichtungsprozesse könnten eingeleitet werden.«

*

Alles konnte ertragen werden, dachte Danecki. Sogar dieser irre Lärm. Dross schrieb auf den Boden: ›Wenn es aufhört, wiederholen Sie, daß Sie der Kommandeur sind.‹

Danecki nickte.

Wardle kam heran.

Sie lagen am Boden und versuchten die Entwicklung eines Verhaltensmusters im Verfall des Forts zu erkennen. Unbestreitbar gab es ein stets wiederkehrendes Thema in der Flut der Mitteilungen, die die Systeme aufeinander losließen.

»Ich habe vier Stunden, dreiunddreißig Minuten bis zur Selbstzerstörung . . .«, meldete eine kaum vernehmbare Stimme.

». . . Überreste von drei Menschen entdeckt?« fragte die Zentrale. »Zahl Drei bestätigen!«

»Bestätigt«, sagte das Sicherheitssystem.

»Bin ich tausend Jahre alt?« fragte eine Wartungsanlage.

Eine Antwort blieb aus.

»Ich handle auf eigene Verantwortung«, warnte Sicherheit. »Ich brauche Entscheidungen.«

»Die Menschen leben nicht tausend Jahre«, erklärte die Zentrale.

»Ich habe vier Menschen festgenommen«, betonte das Sicherheitssystem. »Ich brauche Entscheidungen.«

Die Befehlszentrale war uninteressiert. »Ich mache keine Fehler!«

Das Heulen, das merklich nachgelassen hatte, steigerte sich wieder. Es hörte auf. Absolute Stille. Sie hing in der Luft, beinahe zum Greifen, hinterließ Angst.

»Ich bin der Diensthabende Kommandeur!« schrie Danecki.

»Niemand lebt tausend Jahre«, erwiderte die Zentrale.

Dross schob sich auf Hände und Knie. Er schüttelte seinen mächtigen Kopf. Wie Danecki und Wardle war er verblüfft darüber, daß er noch etwas hören konnte.

»Sie hat uns bestätigt«, sagte er. »Ich hatte recht. Eine Militärmaschine wird immer Informationen annehmen.«

»Du hast meine Waffe!« rief Danecki.

Er wollte der unsichtbaren Stimme zuschreien, daß er das Mädchen brauchte, wollte die wilde Ungeduld in sich nicht länger bändigen.

Mrs. Zulkifar wimmerte in ihre Hände. Sie achtete auf nichts mehr. Sie starrte Danecki aus schwarzumrandeten Augen an.

›Befehlen Sie ihr, Ihr Denkschema in das zentrale Kommandosystem zu integrieren‹, schrieb Dross.

Darauf hatten sie sich geeinigt. Trotzdem zögerte Danecki. Wo war das Mädchen? Es war von einer Frau gesprochen worden, aber von welcher?

»Ich bin der Diensthabende Kommandeur«, sagte er entschieden. »Meine Waffe muß zurückgegeben werden. Ich muß die Eindringlinge finden. Die Kommandosysteme müssen auf mein Denkschema programmiert werden. Mach das sofort!«

»Ist das klug, Mr. Danecki?« jammerte Mrs. Zulkifar.

Eine scharfe Stimme zischte: »Ich handle auf eigene Verantwortung! Die Frau muß freigelassen werden!«

»Vorsicht!« brüllte Wardle.

Das Netz aus schweren Trossen sank von der Decke hinab und umfing Mrs. Zulkifar.

Das Ganze dauerte etwa drei Sekunden.

Dann war Mrs. Zulkifar verschwunden. Die Bettdecke flatterte neben Mr. Mondmann hinunter. Er wandte den Blick von dem uralten Roboterkopf nicht ab.

»Es hat ihr geglaubt!« schrie Wardle. »Es hat ihr geglaubt! Doktor, alles ist aus. Das Fort hat ihre Behauptung akzeptiert! Was zum Teufel soll aus uns werden? Und aus ihr?«

»Sie haben es gehört«, sagte Danecki. »Sie wird freigelassen.«

»Aber sie kommt hinaus – vielleicht hat sie soviel Verstand, daß sie Hilfe holt. Wir haben noch knapp über vier Stunden! Sie könnte sich mit den Ausflugsschiffen in Verbindung setzen – sie könnten sich zu uns durchschlagen, was, Doktor?«

Dross schüttelte den Kopf.

»Nein, Brigadier.«

»Was?«

»Ich hätte damit rechnen müssen«, sagte Dross dumpf. »Die arme Frau! Nein, Brigadier, ich glaube nicht, daß Mrs. Zulkifar an die Oberfläche kommt.«

»Sie soll doch freigelassen werden«, wandte Danecki ein.

»Das sagt die Sicherheit«, meinte Dross. *»Ein* System. Sie denken wieder an die einzige, stark motivierte Persönlichkeit. Tun Sie das nicht. Was Sie gehört haben, war die Stimme eines Systems aus einer großen Anzahl. Ein anderes könnte zu einer ganz anderen Entscheidung gelangen.«

»Und was wird aus Mrs. Zulkifar werden?« fragte Wardle.

Danecki glaubte zu verstehen. Dross versuchte, die Meinungsverschiedenheiten im Fort auszunutzen. Mrs. Zulkifar schien zu einer Schachfigur im Machtkampf der Systeme geworden zu sein.

»Horcht«, sagte Dross.

Nichts rührte sich. Keine Stimmen marterten die Sinne.

»In vier Stunden wird alles zerstört«, sagte Wardle grimmig.

»Horcht!«

»Wozu, Doktor? Sie wissen, was passieren wird, nicht? Ich weiß es! Sie glauben, daß es in knapp über vier Stunden eine blitzartige Explosion geben wird, wie bei dem Touristenschiff. Sie kennen die damalige Zeit, Doktor. Erinnern Sie sich, wie die Konföderation ihre unerwünschten Anlagen loswurde?«

»Kommt es darauf an?« meinte Dross achselzuckend.

Wardle wandte sich an Danecki.

»Wir gleiten«, sagte er. »Wir rutschen. Hinab! In die nächste Verwerfung – in die Spalten der Erdkruste! Und wir werden es wissen! Es wird nicht schnell gehen, Danecki.«

»Wozu lauschen, Doktor?« sagte Danecki.

»Wegen Mrs. Zulkifar.«

»Dieses Weibsstück!« fauchte Wardle.

»Jeder handelt, wie er muß, Brigadier. Horcht.«

Dross schien die Sekunden zu zählen.

»Dross, worauf warten wir?« stieß Wardle ungeduldig hervor. »Wir können doch nicht einfach dasitzen und die Wände anstarren. Oder doch! Vielleicht gibt es irgendwo eine Öffnung!«

Zum drittenmal suchten sie die Wände ab.

Mr. Mondmann beteiligte sich, langsam, schwerfällig, im Krebsgang.

»Na?« sagte Danecki zu Dross. »Was erwarten Sie?«

Dross hob die Schultern.

Wumm.

Die Explosion war beinahe eine Enttäuschung.

Die ganze Zelle bäumte sich auf.

Danecki sah Mr. Mondmann in die Luft steigen. Der Wiederbelebte nahm den knochenknackenden Aufprall als einen weiteren Schicksalsschlag stumm hin. Wardle heulte auf. Dross wurde von seinem Sofa hochgeschleudert, ohne daß er eine Miene verzogen hätte. Danecki konnte wieder klar denken, als er auf den Boden geprallt war.

Mrs. Zulkifar – verzweifelt, außer sich, letztlich ihre eigene Henkerin – war die Ursache der Explosion.

»Das war eine Molekularbombe!« brüllte Wardle. »Unverwechselbar – die Art der Schockwellen, die Kraft der Explosion.«

Dross versuchte sich aufzusetzen.

»Mr. Knaggs hatte recht«, stieß er hervor. »Die arme Frau! Das zweite Opfer dieser unglückseligen Expedition.«

Wardle starrte ihn an.

»›Bumm‹?« sagte er.

»Genau! Der Kreiselschacht. Nicht zerstört, sondern mit einer Sprengfalle ausgerüstet. Das Sicherheitssystem versuchte die arme Frau zu belohnen, aber sie endete in völliger Auflösung!«

»Sie – wie drückte sich Ihr Ingenieur aus – sie versuchte, zwei Räume gleichzeitig auszufüllen? Bewegung gleich ›n‹? Verdrängung der Materie?«

»Ja, Brigadier.«

»Die arme Emma! Eine hübsche Frau, aber dumm. Oberflächlich, eitel und dumm! Arme Frau!«

»Wir müssen unsere neue Lage bedenken, meine Herren«, erklärte Dross. »Sie ist wirklich neu. Wir müssen jetzt auch an uns denken. Ja, und an Ihre junge Dame – sogar an den mordlustigen Jungen, Mr. Danecki! Welche Auswirkungen wird eine solche Explosion auf diese Anlage gehabe haben? Nun, Mr. Danecki?«

Danecki dachte an die Maschinen, die er so gut kennengelernt hatte.

»Sie kann die Verwüstung verdauen«, sagte er.

»Zugegeben.«

»Aber es herrschte bereits Verwirrung«, fuhr Danecki fort. »Die Wartungs- und Reparatursysteme werden noch stärker belastet. Und wenn Sie recht haben, wird es in den einzelnen Robotersystemen weitere Verfallserscheinungen geben. Ich würde sagen, wir haben eher weitere Vorteile zu verbuchen.«

»Genau meine Meinung«, erklärte Dross. »Die Befehlszentrale wird nahezu gänzlich desorientiert sein. Sie muß sich mit einer Meuterei der Sicherheitssysteme befassen und die beschädigten Anlagen reparieren. Die Zeit, sie weiter zu verwirren, ist gekommen. Danecki, fangen Sie an!«

Danecki atmete tief ein.

»Das Fort ist von Saboteuren unterwandert!« schrie er. »Ich bin der Kommandeur! Als Folge der Explosion bin ich ungewollt im Sicherheitsflügel eingeschlossen! Ich brauche Zugang zu den anderen Gefangenen.«

Sie zuckten alle zusammen – alle außer Mr. Mondmann –, als ein elektronisches Pfeifen ertönte.

Die vertraute Stimme der Befehlszentrale sagte ruhig: »Der Diensthabende Kommandeur sollte das Kommando übernehmen.«

»Ich übernehme das Kommando. Ich bin Danecki, Diensthabender Kommandeur.«

»Sind Sie tausend Jahre alt?«

Die Logik durfte hier keine Rolle spielen.

»Ich bin tausend Jahre alt. Mein Strahler ist mir weggenommen worden.«

»Sicherheit meldet den Besitz der Waffe«, gab die Roboterstimme zu.

»Sicherheit hat eine Gefangene entlassen«, sagte Danecki auf Dross' Drängen hin.

»Ja. Ich bin verwirrt. Ist der Diensthabende Kommandeur tot?«

»Ja«, sagte Danecki.

»Menschen können nicht repariert werden.«

»Das Sicherheitssystem hat versagt«, erklärte Danecki. »Ich befinde mich im Sicherheitsflügel. Ein Kommandeur sollte nicht mit Gefangenen zusammengesperrt werden.«

»Ich bin verwirrt, Sir. Ich bin tausend Jahre alt.«

»Dann führ meine Befehle aus. Präg dem zentralen Kommandosystem mein Denkschema ein.«

»Ich bin das zentrale Kommandosystem.«

»Ich bin Danecki.«

Die Maschine wechselte das Thema.

»Sie melden Eindringlinge, Sir?«

»Ja.«

Eine neue Stimme, verwaschen, aber von einem Roboter, unterbrach sie.

»Der Außenkreiselschacht ist zerstört! Die Wartungseinheiten können ihn nicht reparieren. Der Diensthabende Kommandeur muß verständigt werden.«

»Ich bin außerordentlich verwirrt«, klagte die Zentrale. »Sind Sie tot, Sir? Ich habe keine Aufzeichnung Ihres Denkschemas. Soll ich Ihnen gehorchen, Sir?«

»Ja!« fauchte Danecki. »Alle Systeme müssen mir gehorchen! Zeig mir, wie ich hier herauskomme!«

Danecki schaute sich in hilfloser Wut um. Mit der körperlosen Stimme des uralten Roboters zu sprechen, war für ihn eine frustrierende Erfahrung.

Die Maschine antwortete nicht.

Wardle starrte mit aufgerissenen Augen an die Wand.

»Guter Gott!« stieß er hervor. »Es hat geklappt!«

Danecki folgte seinem Blick.

In den sich verschiebenden Wirbeln und Labyrinthen war eine Tür aufgetaucht. Es war eine ganz gewöhnliche Öffnung zu einem Korridor mit gedämpfter grünlicher Beleuchtung.

»Es hat wirklich geklappt!« rief Dross. »Eines der Systeme hat reagiert. Es ist nicht das, was wir geplant hatten, aber wenigstens ein Anfang! Versuchen Sie es weiter, Mr. Danecki! Strengen Sie sich an.«

»Nein«, sagte Danecki. Er ging zur Tür. »Ich kenne mich da aus, Doktor. Die Zentrale kann nur stärker werden – es wird nicht mehr lange dauern, bis sie wieder die volle Gewalt hat. Wir müssen handeln, solange wir können. Kommen Sie!«

Dross zögerte.

»Er hat recht«, sagte Wardle. »Der militärische Verstand denkt langsam, aber er kommt ans Ziel. Das Fort ist im Augenblick aus dem Gleichgewicht geraten. Doktor – wir müssen unsere Chance nützen.«

Danecki wartete Dross' Antwort nicht ab.

14

Danecki hatte keine Ahnung, wo er sich befinden mochte.

Offenbar war das ganze Fort von den schwarzen Schächten durchzogen, durch die ihn die Trossen befördert hatten. Aber wohin hatte das Sicherheitssystem die Gefangenen gebracht?

Danecki lief durch den ebenen Korridor. Er erreichte einen kleineren Raum, der eine Art Wachstube gewesen war. An einer Wand waren Gestelle mit Waffen aufgereiht, eine andere wurde fast ganz von einer Tafel mit Steuersensoren eingenommen, im Boden gab es ein merkwürdiges Loch von Mannsgröße. In ihm kräuselte sich ein öliger Schimmer. Es stank nach Tod. Von selbst stellte sich das Wort ein: Exekution!

Der Raum war eine Hinrichtungsstätte.

Über die Jahrhunderte hinweg spürte er die grimmige Gegenwart der Wachen und der fähigen Männer, die das Fort gebaut hatten. Sie hatten für alles gesorgt, sogar für eine Möglichkeit, Gefangene zu exekutieren.

Ihre Leiber sollten die Atommeiler in den Tiefen der riesigen militärischen Anlage nähren.

Danecki wandte sich der Steuertafel zu. Durfte er wagen, die Sensoren zu berühren? Hatte das Fort ihn als Kommandeur akzeptiert? Ein Geräusch ließ ihn herumfahren. Es war Wardle.

»Nun?« keuchte der Brigadier.

»Vorsicht hier«, sagte Danecki. »Das scheint eine Leichengrube zu sein. Hier ist eine Steuertafel.«

»Nicht anrühren!« stieß Wardle hervor. »In diesen militärischen Komplexen wimmelt es von Fallen. Das Mißtrauen ist Bestandteil des militärischen Denkens.«

»Ich wollte versuchen, direkte Befehle zu erteilen.«

»Dann tun Sie es, tun Sie es! Solange die Anlage noch Lust hat, zu gehorchen.«

»Die junge Gefangene soll vorgeführt werden!« schrie Danecki die blinkende Instrumententafel an.

Erregt sprangen ihm die Sensoren entgegen. Er wich hastig zurück.

»Sir!« tönte eine klare Stimme in Höhe seines Gesichts.

Danecki konnte keinen Bildschirm sehen, nichts, was auf die Gegenwart eines Roboters hindeutete. Das Ding war die ganze Tafel, vielleicht sogar der gesamte Sicherheitsflügel.

»Hol sie her!«

»Junge Frau, Sir? Gewicht hundertvierundzwanzig?«

Danecki spürte, wie sein Herz hämmerte. Es konnte nur Khalia sein! Mrs. Zulkifar war nicht jung und wog mindestens zwanzig Pfund mehr als Khalia. Er erinnerte sich an die Explosion. Von Mrs. Zulkifar konnte kaum etwas übriggeblieben sein.

»Hol sie! Bring sie her!«

»Außerhalb der Kompetenz meines Systems, Sir. Sie ist nicht in diesem Geschoß.«

»Wo ist sie dann?«

»In Ihrer Unterkunft, Sir – wie befohlen!« kam die Antwort. »Sehr bequem, Sir. Bereit, wenn Sie verstehen, was ich meine, Sir.«

»Bring sie her.«

»Das widerspricht Ihrer Daueranordnung, Sir.«

»Ich widerrufe sie.«

Die Maschine bedachte den Befehl. Danecki unterdrückte den Drang, der Instrumententafel einen Fußtritt zu versetzen. Es war, als habe man es mit einer Horde verrückter Gespenster zu tun.

Dross keuchte herein.

»Na?« stieß er hervor.

»Befehle werden angenommen, so gut es geht«, meldete Wardle. »Danecki hat verlangt, daß das Mädchen hergebracht wird. Es gibt aber eine Verzögerung – das gefällt mir nicht, Danecki. Wir lassen der Zentrale zuviel Zeit, sich zu sammeln. Wir können nicht damit rechnen, daß diese lokalen Systeme noch lange isoliert bleiben.«

»Verbreiten Sie Verwirrung, junger Mann!« ächzte Dross. »Befehlen Sie dem Sicherheitssystem, die Funktion der Zentrale zu übernehmen. Sie befinden sich schon in einer Art Bürgerkrieg – lösen Sie einen gnadenlosen Machtkampf aus!«

Danecki öffnete den Mund, um den Befehl zu geben. Dross hatte natürlich recht. Sie mußten um jeden Preis verhindern, daß die gelassene, körperlose Zentrale die Kontrolle über das ganze Fort wieder an sich riß. Noch bevor er ein Wort herausbrachte, meldete sich die vertraute rauhe Stimme des Sicherheitssystems.

»Die Gefangenen sind freigelassen worden. Der Diensthabende Kommandeur ist tot!«

»Wieder ein Versagen der Sicherheit!« klagte die Befehlszentrale. »Ich habe Kommandobefugnis, aber der Diensthabende Kommandeur ist tausend Jahre alt! Die Wartungssysteme reagieren nicht auf Anordnungen! Ich bin verwirrt!«

»Ich bin das Wachstubensystem«, sagte die klare Stimme vor Danecki. »Der Diensthabende Kommandeur verlangt seine Konkubine. Der Dauerbefehl läßt nicht zu, daß ich sie in diesen Bereich schicke.«

»Identifizieren Sie sich, Sir!« flehte die Zentrale.

»Ihre Konkubine ist in Sicherheit und hat es bequem«, warf das Sicherheitssystem ein. »Sind Sie wieder tot, Sir, wie die Zentrale meldet?«

»Tote brauchen keine Konkubinen«, erklärte die Zentrale.

»Ich habe keine Information«, bestätigte Sicherheit.

Eine schnarrende Stimme mischte sich ein: »Ich bin eine defekte Wartungsanlage und habe ebenfalls keine Kenntnis von Konkubinen.«

»Dann schalte dich gefälligst ab«, befahl Sicherheit.

Ein dumpfes Dröhnen erschütterte die Wachstube.

»Wahnsinnig!« sagte Wardle.

»Schizoid«, bestätigte Dross.

Das Fort diskutierte.

»Sicherheitssysteme haben keine Befehle zu erteilen«, sagte die Zentrale.

»Sind Sie tot, Sir?« wiederholte die rauhe Stimme des Sicherheitssystems, ohne die Zentrale zu beachten.

»Du hast meinen Strahler«, sagte Danecki. »Deine Systeme haben ihn mir vor knapp einer Stunde weggenommen. Demzufolge bin ich nicht tot.«

Die Maschinen verstummten.

Danecki funkelte die Tafel hilflos an. Er wollte durch den Raum gehen, aber Dross hob die Hand.

»Warten Sie! Sie haben vielleicht schon genug getan, um die Systeme gegeneinander aufzubringen.«

»Das Warten war das Schwerste.« Er ballte die Fäuste.

Die Maschinen sprachen beinahe gleichzeitig, so daß es schwerfiel, dem Gespräch zu folgen.

»Ich weiß Bescheid über Gefangene«, erklärte Sicherheit.

»Ich weiß Bescheid über das Kommandieren«, meinte die Zentrale.

»Ein toter Kommandeur kann nicht kommandieren«, fauchte Sicherheit.

Beide stammelten einige Zeit Unsinn, dann fauchte das Sicherheitssystem: »Die Sicherheit dieser Anlage ist vorrangig! Du scheinst defekt zu sein. Eine defekte Befehlszentrale kann nicht kommandieren.« Das System schwieg, wie von einem Paradox überrascht. »Eine tote Zentrale kann nicht kommandieren!«

»Tote Kommandeure können nicht kommandieren«, antwortete die Zentrale.

»Wartet!« zischte Dross.

»Ich will das Mädchen!« schrie Danecki plötzlich.

»Tote Kommandeure brauchen keine Konkubinen!« sagte die Zentrale.

»Jetzt!« stieß Dross hervor.

»Die Zentrale ist defekt«, sagte Danecki. »Ich bin der Diensthabende Kommandeur! Das Sicherheitssystem muß die Kommandofunktionen übernehmen. Sofort!«

»Ich weiß nichts von den Kommandoprozessen«, widersprach die Sicherheitsanlage sofort.

»Lern sie!«

»Sofort, Sir!«

»Ich habe Erzwingungseinheiten!« erwiderte die Zentrale. »Ich befehlige Abwehrsysteme!«

»Ich verfüge über Angriffspotential!« sagte Sicherheit eifrig.

»Einsetzen!« schrie Danecki.

»Sofort, Sir!«

Eine neue, seltsam lispelnde Stimme warf ein: »Die Konkubine des Diensthabenden Kommandeurs ist nicht tot. Sie ist tausend Jahre alt.«

»Los!« fauchte Danecki.

Er riß eine Waffe an sich.

»Schießen Sie auf alles, was sich bewegt!« sagte Wardle. »Der Doktor hat recht, Danecki. Wir müssen sie in Verwirrung stürzen – bevor sich das militärische Denken durchsetzt.«

»Weg zum Befehlsraum freimachen!« brüllte Danecki.

»Sir!« sagte die Stimme.

»Suchen Sie Batibasaga, Wardle!« rief Danecki. »Sie laufen zur Zentrale, Doktor – ich spüre Khalia auf!«

Danecki warf sich durch den plötzlich entstandenen Ausgang in einen hohen Korridor.

»Zerstören Sie die Anlage nicht!« schrie Dross. »Denken Sie daran, was das für ein gigantisches Werk ist.« Er hatte gesehen, daß auch Wardle eine Waffe trug.

Danecki rannte weiter. Eine breite, schwarze Masse versperrte den Weg. Ohne nachzudenken, riß er die Waffe hoch.

»Halt!« rief Dross. »Nicht schießen! Das ist ein einfaches Servogerät, wie ich sie oben zu Dutzenden gesehen habe.«

»Das Mädchen!« fuhr Danecki den Block an. »Das Mädchen!«

»Wir müssen Batibasaga finden!« keuchte Dross.

»Ich bin der Diensthabende Kommandeur!« zischte Danecki, die Waffe im Arm.

Das Ding blieb, wo es war, eine nackte Metallwand, dumm, langsam, schwerfällig. Danecki drückte beinahe ab, als eine schwarze Hülse aus dem Roboter hervordrang. Die Vertiefungen bargen Sensoren.

»Ich bin ein Wartungsgerät Klasse Fünf. Beweglich«, sagte er. Es klang beinahe stolz.

Danecki zwang sich zum Überlegen.

Das Ungetüm versperrte den ganzen Korridor. Sie konnten natürlich versuchen, es zu zerstrahlen, aber sowohl er wie Wardle hatten begriffen, daß sie sich vorher in sichere Entfernung würden zurückziehen müssen, und die danach glühende Metallmasse wäre unbestimmbare Zeit hindurch unpassierbar.

»Ich muß zu dem überlegenen Roboter«, sagte das Ding. »Ich

muß Sicherheitseinrichtungen zerstören. Und die Zentralen Kommandosysteme.«

Dieser Roboter wenigstens war nicht verwirrt, aber wie ihn aus dem Weg räumen?

Die Stimme der Befehlszentrale sagte in die Stille hinein in ruhigem Ton: »Der tote Diensthabende Kommandeur leidet an mechanischen Störungen. Ich werde von Sicherheitseinheiten angegriffen. Die Anlage zerstört sich in genau vier Stunden.«

»Vier Stunden!« ächzte Wardle.

»Ich lerne die Schwierigkeiten des Kommandierens kennen!« sagte das Sicherheitssystem. »Entscheidungen sind nicht leicht zu fällen.«

»Nein«, sagte Danecki. Er fuhr die Maschine an: »Wo ist meine Konkubine?«

»Geschoß Zwei, Sir«, erwiderte der Roboter. Der kegelförmige Kopf zog sich zurück.

»In welchem Geschoß sind wir?«

Der Kopf kam widerwillig hervor.

»Geschoß Drei, Sir. Darf ich jetzt das Sicherheitssystem und die Befehlszentrale zerstören?«

»Nein! Brich zu dem Geschoß über uns durch!«

»Sehr wohl, Sir.«

Lautlos schoben sich Mechanismen aus dem blockähnlichen Roboter. Molekularscheren ratterten.

»Gut gemacht!« sagte Wardle unwillkürlich. »Los Danecki – durch!«

Er deutete auf das Loch.

»Ja«, sagte Dross. »Wardle und ich schaffen es nicht – wir sind beide zu dick.«

»Die Trossen!« warnte Wardle plötzlich.

Schwarze Taue wanden sich in der Decke, die von den Roboterwerkzeugen zerteilt wurden.

»Von den Scheren ausgelöst«, sagte Danecki. »Zerstrahlen, Wardle – und Doktor!«

Die beiden Männer reagierten sofort. Wardle sandte grünes Feuer nach oben. Nasser, grauer Schaum tropfte herunter.

»Los!« rief Dross und schoß dem Roboter den Kopf fort.

Danecki schaute sich noch einmal um.

Wardle und Dross schienen an ihrer Tätigkeit Gefallen zu finden.

»Nur zu!« schrie Wardle. »Überlassen Sie das uns – suchen Sie das Mädchen und Batibasaga!«

Danecki sah die beiden beleibten Männer an. Ohne Hilfe würden sie nicht zu dem Loch in der Decke hinaufspringen können. Selbst für ihn würde es nicht leicht sein.

»Klemmen Sie die Waffe in das Loch, Mann!« rief Dross. »Los doch! Ziehen Sie sich hinauf! An den Rändern ist das Loch noch heiß – Vorsicht!« Er warf ihm seinen Rock zu.

»Dieses Wartungsgerät ist defekt«, sagte der blockartige Roboter, und dann verstummte er endgültig.

Danecki sprang auf den Roboter und erreichte von dort aus das Loch. Eine schwankende Trosse bedrohte ihn einen Augenblick, aber sie zerfiel zu grauer Asche, als Wardle einen grünen Lichtblitz hinaufzucken ließ.

Danecki winkte.

»Los!« schrie Wardle.

Er sprang.

Die Waffe rutschte weg, und er stürzte beinahe hinab. Dann fühlte er sich zu seinem Erstaunen von einem weichen Griff umfaßt. Einen Augenblick lang geriet er in Panik.

Die Trossen!

Aber es war Dross – Dross, der sich irgendwie an dem Roboter hinaufgeschwungen hatte.

»Jetzt!« schrie der Archäologe.

Der Jackenstoff schwelte durch die Hitze der Lochränder, der Gewehrkolben begann zu zerlaufen, aber Danecki nahm seine ganze Kraft zusammen und sprang hinauf.

Dross half ihm, bäumte sich auf, und Danecki wurde hinaufkatapultiert.

Er stieß sich die Stirn am glimmenden Lochrand an, beachtete den Schmerz nicht, rollte sich zur Seite.

»Hierher, Sir!« sagte eine Stimme neben ihm.

Danecki sprang auf.

Ein neuer Korridor.

Und wieder ein unsichtbarer Roboter. Einer, dessen Stimme ihm nicht fremd war. Das Lispeln war unverkennbar.

Danecki blickte durch das Loch hinunter.

Grünes Feuer zuckte durch den unteren Tunnel. Dross und Wardle waren beschäftigt.

»Hierher, Sir!« wiederholte die Stimme.

Wurde das Lispeln bewußt betont? Sprach Hohn aus der metallischen Stimme?

Eine Tür stand offen.

»Ihre Konkubine wartet, Sir!« betonte die weibische Stimme.

»Khalia!« murmelte er und stürzte durch die Öffnung. Er blinzelte.

Er vergaß alles, was in dem unheimlichen Gefängnis geschehen war.

Die Waffe glitt ihm aus der Hand. Seine Finger besaßen keine Kraft mehr.

Khalia hing nackt und golden in der Mitte des Zimmers. Sie sah aus wie ein erstarrter Traum aus Licht. Nur ihre Augen lebten.

15

»Nein!« flüsterte Danecki. »Nein!«

Sogar ein Flüstern war hier aufdringlich.

Zuerst glaubte er, sie sei tot, ein schreckliches Ritualopfer. Aber die Augen lebten!

Und immer noch hing sie, ohne Stütze, in dem großen grün-goldenen Raum mit seinem rosigen Licht: ein wahrhaft schöner Anblick.

Sie schwebte ohne die geringste Spur einer Bewegung in einem leuchtenden, goldenen Nebel. Ihre Kleidung war entfernt worden, und in einem Augenblick schockierten Staunens nahm Danecki die absolute Vollkommenheit ihres herrlichen Körpers wahr. Er streckte die Hand nach ihr aus. Er war hypnotisiert, von der Sehnsucht nach ihr besessen.

Er nahm sich zusammen und versuchte zu erraten, weshalb sie nackt war. Es mußte eine Erklärung dafür geben.

Die lispelnde Stimme hatte von einer Konkubine gesprochen, das Wartungsgerät hatte von einer Beziehung zwischen Khalia und ihm gewußt.

Danecki spürte Furcht, eine Kälte, die langsam in ihm hochkroch.

Das Fort erarbeitete sich die Antworten auf das Rätsel eines toten Kommandeurs, der tausend Jahre lebte und keine Konkubine brauchte, keine Khalia, die golden und leuchtend vor ihm hing.

»Konkubine!« sagte er laut.

Der Gedanke war so ausgefallen, daß er laut auflachte.

Das Zimmer reagierte auf seine Stimme. Das Licht veränderte sich, Schatten trafen sich auf ihren Brüsten, Musik ertönte.

Der Gedanke war nicht länger ausgefallen.

Das Licht, die Musik, der Raum, alles deutete auf die Erkenntnisse, die das Fort gewonnen zu haben schien.

Khalia war die Freundin des Diensthabenden Kommandeurs. Seine Konkubine.

Selbst hier erfüllte das Fort seine Funktionen mit einer kalten Perfektion, die fähig gewesen war, die Konföderation um tausend Jahre zu überleben. Danecki versuchte sich die Männer vorzustellen, die das Fort erbaut hatten. Selbst im Privatharem des längst verstorbenen Kommandeurs hatten sie dauerhafte Funktionsfähigkeit erzielt. Wegen einer bizarren sexuellen Perversion des letzten kommandierenden Offiziers war das Mädchen gefesselt worden.

»Herunter mit ihr!« fauchte Danecki.

»Ja, Sir!« lispelte die metallische Stimme. »Ja, *Sir!*«

Sie wurde aus dem schimmernden Käfig goldenen Lichts herabgelassen. Danecki sah, daß er sich getäuscht hatte: Dünne Energiefäden bildeten die Stäbe eines vergoldeten Käfigs.

Khalia blickte hilflos an ihrem Körper hinab und wandte sich dann mit einer Geste so natürlicher Zärtlichkeit an Danecki, daß er ein überwältigendes Gefühl der Erfüllung verspürte. Sie kam zu ihm.

Für Danecki existierten das Fort, seine grimmigen Phalangen von Kampfrobotern, seine seltsamen Systeme, seine unheildrohende Maschinerie mit einem Mal nicht mehr.

Khalia schlang die Arme um Danecki und preßte sich an ihn. Das Licht wurde gedämpfter, Musik lullte sie ein.

Danecki schob sie von sich.

»Du hast recht gehabt«, sagte er. »Wir gehören zusammen.«

Khalia tauchte aus ihrer Betäubung empor.

»Khalia!« sagte Danecki und schüttelte sie. »Hör zu. Wir gehören zusammen – aber wir müssen einen Weg finden, am Leben zu bleiben! Khalia!«

Das Zimmer wurde wieder grün und goldfarben. Danecki war ein Mann mit hartem Gesicht und grünen Augen. Sie war eine Frau, die Grund hatte, um ihr Leben zu kämpfen.

»Was ist passiert?« fragte Danecki. »Erzähl es mir – ich muß es wissen.«

»Ja«, sagte sie und dachte einen Augenblick entsetzt an Jacobi. »Die schwarzen Trossen hatten dich und mich erfaßt. Ich geriet in einen schwarzen Tunnel und in heulenden Wind. Dann fand ich mich hier wieder. Zuerst kam es mir albern vor. Ich, hochgehoben und zur Schau gestellt! Aber ich glaube, daß es irgendwo einen Gehirnstrahler gibt, denn nach einer Weile erschien es mir passend. Es war, als falle man in ein warmes Bad. Ich wurde genährt. Man zog mir die Kleider aus – aber alles schien genau richtig zu sein. Musik – und Parfüm. Parfüm – hier! Eine Stimme erklärte mir immer wieder, daß ich nicht lange warten müßte. Es klingt alles so banal. Ich roch wie eine Superkurtisane. Aber es gefiel mir. Und als das Ding sagte, der Diensthabende Kommandeur käme, freute ich mich wie ein Schulmädchen.«

Danecki blickte in ihre klaren Augen. Sie hatte keine Angst mehr.

»Weißt du, wo wir sind?«

»Das hat man mir nicht gesagt.« Khalia sah an sich hinunter. »Ich bin nur deine Konkubine.« Sie löste sich von ihm. »Ich suche mir etwas zum Anziehen.«

»Vier Stunden!« sagte Danecki. »Vier Stunden!«

Er war nicht weiter gekommen als in den Privatharem des Mannes, dessen Skelett vor der Halle der Schwarzen Armee lag. Er schaute sich um.

»Ich bin der Diensthabende Kommandeur!« fauchte er und kam sich ausgesprochen albern vor.

»Ja, Sir?« erwiderte die lispelnde Stimme.

»Zeig dich!«

»O je, Sir, das kann ich nicht. Ich bin kein Humanoid, Sir. Nicht einmal beweglich. Sozusagen nur ein Zephyr im Liebesnest.«

Daneckis Angst meldete sich wieder. Hatte Dross auch hier recht? Entwickelten die Roboter eigene Verhaltensweisen? Dieser unsichtbare Automat war jedenfalls ein körperloses, spöttisches Ding.

Khalia unterdrückte ein Kichern angesichts der Falsettstimme. Der Roboter glich so sehr dem Klischee eines Haremseunuchen, daß das Ganze wie eine Farce wirkte.

»Sag mir, wo wir sind!«

Die Maschine antwortete prompt.

»Zwei Geschosse unter der Befehlszentrale, Sir! Sieben über dem tiefsten Geschoß. Auf gleicher Ebene befindet sich Ihre Unterkunft. Rechts von Ihnen – nein, Sir, so, wie Sie eben standen, neben der jungen Dame – ist der medizinische Komplex. Was wollen Sie im einzelnen wissen, Sir?«

Danecki starrte das Mädchen an, ohne sie zu sehen.

»Ist der Kommandeur mit meinen Vorbereitungen zufrieden?« fragte die Stimme.

Sollte er bleiben oder mehr über die Anlage des alten Forts herauszufinden versuchen? Danecki wußte, daß Dross' Pläne ohne weitere Informationen nichts wert waren.

»Nein!« zischte er.

»Wirklich nicht, Sir? Kann ich sonst behilflich sein?«

»Erklär mir, wie die Steuersysteme im Geschoß Neun abgeschaltet werden.«

Khalia begann zu zittern. Danecki hatte sich mitten in das Rätsel hineingestürzt. Aber was blieb ihm anderes übrig? Der Roboter des Archäologen kam ihnen nicht zu Hilfe, die Zeit verrann. Bis zum Marsch der schrecklichen Armee, bis zur Selbstzerstörung des Forts blieben noch vier Stunden, und der unsichtbare Roboter bot wenigstens seine Dienste an.

»Abschaltmaßnahmen für Geschoß Neun!« wiederholte Danecki.

Elektronik flüsterte.

Zuerst war es ein unidentifizierbares Geräusch, aber es wirkte bedrohlich, als es lauter wurde.

Khalia begriff.

Der Haremswächter kicherte. Er kicherte eine Minute leise, dann schwoll es zu einem gräßlichen Gelächter an.

»Erklär mir den Witz!« schrie Danecki empört.

»Ha-ha-ha, Sir. Er wird Ihnen gefallen, Sir! Darf ich es Ihnen zeigen?«

Khalia fröstelte.

»Er will dir etwas zeigen«, flüsterte sie. »Bei mir wollte er das zuerst auch, hat es sich dann aber anders überlegt.«

»Noch vier Stunden!«

»Es ist aber wichtig. Ich habe das undeutliche Gefühl, daß das alles schon einmal passiert ist. Das Liebespaar, Danecki. Erinnerst du dich?«

Danecki unterdrückte seine Angst.

»Geschoß Neun!« knurrte er. »Sag mir Bescheid.«

Das Kichern hallte noch einige Sekunden durch den Raum, dann erklärte die Maschine: »Das hat die Dame vorhin auch gesagt, Sir.«

»Wirklich?« sagte Danecki zu Khalia.

»Nein.«

Die Dame?

Danecki wußte, daß das Geheimnis des Forts in den Worten des lispelnden Automaten verborgen lag.

»Erklär mir das!«

»Nun, Sir, Kampfroboter sind eigentlich nicht meine Stärke«, kicherte der Roboter. »Nur Liebende.«

»Dann erklär mir das.«

»Mit Vergnügen, Sir! Ich habe Aufzeichnungen.«

»Wir sehen sie uns an«, sagte Khalia. »Jetzt gleich.«

»Wie Madame wünschen!«

Ein Luftzug veranlaßte Danecki, den Blick nach oben zu richten.

Er sah Schlitze in der Decke. Durch sie drangen dünne Lichtstäbe herunter.

»Keine Sorge«, meinte Danecki. »Irgendein Betrachtergerät. Es will uns zeigen, wie es war, als das Liebespaar hiergewesen ist.«

Er erkannte das Gerät, das um sie entstand, als eines der frühesten Spielzeuge einer fortgeschrittenen Zivilisation: Es war ein Total-Erlebnis-Simulator. Dazu gehörte ein Bedienungsteil, der sich um seine Arme legte. Sensoren drängten sich vor.

»Es ist alles sehr lange her«, sagte Khalia. »Ich habe das Gefühl, daß sie uns noch immer sehen können.«

Sie trat näher an Danecki heran, und sie warteten stumm.

Danecki spürte, wie ein Bedienungssensor vibrierte.

Und dann entstanden an den körperlosen Wänden des Simulators die Ereignisse von vor zehn Jahrhunderten wieder.

»Das Liebespaar!« stieß Khalia hervor. »Es ist wahr!«

Die pathetische Geschichte war von der langsamen Unaufhaltsamkeit des Sonnenuntergangs. Die Ereignisse trugen sich schnell genug zu, aber ihre Folge war vorausbestimmt, eine Tragödie von menschlichem Streben und Verrat.

Danecki versuchte eine Warnung hinauszuschreien, aber die Worte klebten am Gaumen.

In dem grün-goldenen Raum stand ein Mädchen, das Mädchen, dessen Skelett nun in dem gewundenen Tunnel tief unten lag. Danecki hatte von Anfang an gewußt, daß sie schön gewesen sein mußte.

Sie war von zartem Knochenbau. Das wußte er schon. Aber hier besaß sie eine wohlgerundete Figur, mit hoher, fester Brust und bräunlicher Haut.

Sie war nackt – ein dünnes Gewand wurde von einem eifrigen Servomechanismus entfernt.

Sie stand stolz und hochaufgerichtet da, erwartungsvoll, aber nicht furchtsam.

Das war es, was der widerliche Haremsroboter ihm zeigen wollte: das nackte Mädchen, stolz und schön.

Danecki berührte die Sensoren. Er wollte das Mädchen von dem Augenblick an sehen, da sie in das unterirdische Fort gelangt war. Was sie tat, war der Schlüssel zu dem Geheimnis.

Danecki erstarrte.

Der Kreiselschacht!

Das Gewand aus einem Stück war die Uniform des Personals im Stützpunkt an der Oberfläche. Sie trug es, als sie in die niedrige Höhle der Befehlszentrale trat. Und sie kam aus dem Fallschacht.

Sie blieb stehen.

Sie waren schon oft hiergewesen. Ihr Blick glitt über die verschiedenen Ausgänge, nahm alles Wichtige wahr. Man hatte sie ausgebildet. Obwohl sonst niemand im Fort sein konnte, vergewisserte sie sich.

Ihre geweiteten, strahlend blauen Augen verrieten ihre Nervosität. Sie trat an die Instrumententafeln. Zweimal trat sie zurück, als Sensoren einladend schwankten. Dann zog sie plötzlich eine winzige, glitzernde Scheibe unter dem Gewand hervor und schob sie unter die große Konsole.

Danecki hätte am liebsten dazwischengerufen, aber das Mädchen war schon so lange tot.

»Sie ist es, nicht wahr?« flüsterte Khalia. »Das Mädchen?«

Das schimmernd blonde Haar floß auf ihre Schultern.

»Sie ist es«, sagte Danecki. »Gott steh ihr bei.«

Er verfolgte ihren Weg zu dem grün-goldenen Raum.

Es dauerte einige Minuten, aber er wollte alles sehen, was mit der damaligen Katastrophe zusammenhing.

»Konnten wir deshalb durch den Schacht herunterkommen?« fragte Khalia. »Weil sie die Scheibe dort angebracht hat?«

»Das vermute ich.«

»Sie hat sie aber nicht für uns mitgebracht.«

»Nein.«

»Also für ihren Geliebten.«

Das Mädchen wartete. Langsam zog sie das Gewand aus. Servomechanismen sprühten Parfüm, versuchten den verlockenden Körper zu umschmeicheln.

»Uh!« Khalia schauderte.

Dann lächelte das Mädchen strahlend und falsch, als der Diensthabende Kommandeur den Raum betrat.

Danecki erkannte den breiten Knochenbau. Der Offizier war ein Mann in seinem Alter, sehnig und aufrecht. Er stürzte sich auf das Mädchen und warf sie hoch in die Luft. Es gehörte zu ihrem Liebesspiel. Das Mädchen wurde von einem Netz von Kraftfeldern erfaßt. Sie bildeten einen goldenen Käfig um die schöne, verräterische Frau.

Es war klar, daß er es eilig hatte, während sie Zeit zu gewinnen versuchte. Sie liebten sich, er mit Geschick und Wildheit, während sie mit berechnender Leidenschaft reagierte, die wußte, wieviel Zeit der andere Mann brauchte, um in die Tiefen des Forts vorzudringen. Obwohl Khalia und Danecki wußten, daß ihnen etwas vorgeführt wurde, was sich vor tausend Jahren zugetragen hatte, empfanden sie Mitleid für den verzweifelten Mut des Mädchens.

Danecki ließ sich über die Sensoren den Rest der Geschichte zeigen.

Der Mitspion des Mädchens – ihr Geliebter? – befand sich in Geschoß Neun.

Er lief an den Reihen der Roboter entlang und wußte genau, wo das zu finden war, worauf es ankam. Er war ein hochgewachsener, breitschultriger Mann, etwa Mitte Zwanzig. Und Ingenieur.

Er erreichte die Aussichtsplattform, wo Khalia und Danecki vor kurzem gestanden hatten. Aber dieser Mann kannte die geheime Steuerung der Schwarzen Armee.

Er nahm ein Art Werkzeug aus dem Gürtel, und an der Wand der Nische flackerte Licht entlang. Augenblicklich zeigte sich eine große, blinkende Instrumententafel. Der Mann trat zurück. Bevor er sich weiter damit befaßte, warf er einen Blick in den Spiralentunnel. Dann wandte er sich der Konsole zu und machte sich an die Arbeit. Er zog ein Geflecht von schimmernden Zylinderspulen aus der Tasche.

»Zellwachstumsschaltkreise!« sagte Danecki. »Ich hätte nicht geglaubt, daß sie schon so weit gewesen sind.«

So primitiv sie auch sein mochten, die Zylinder aus leuchtendem Membrangewebe würden sich in die Tiefe der Systeme fressen, von denen die Schwarze Armee gesteuert wurde, und ihre Entscheidungsmechanismen in andere Kanäle zwingen.

Der Mann arbeitete schnell, aber sehr vorsichtig.

»Aber wie sind sie gefaßt worden?« fragte Khalia.

Die Sensoren an den Nervenenden in Daneckis Händen vibrierten. Sie wußten es, sagten sie. Sie wußten es!

16

Es war der Roboter aus dem Harem, der das Mädchen und den Mann in Geschoß Neun verriet.

Die weibische Stimme meldete sich, als sich der Diensthabende Kommandant erneut über das Mädchen beugen wollte.

»Diensthabender Kommandeur! Ihre Konkubine hat Informationen über die Steuerung in Geschoß Neun verlangt. Bei den letzten beiden Besuchen wollte sie bestimmte Angaben über Steuerschaltkreise haben, Sir. Soll ich –«

Das Mädchen war gut ausgebildet.

Während sich auf dem Gesicht des Offiziers Betroffenheit, Schock und Angst spiegelten, sprang sie aus dem goldenen Käfig und durch eine Öffnung, die sich vor ihr auftat.

Sie machte sich auf den Weg, um ihren Geliebten zu warnen.

»Sie hat behauptet, sie sei dazu ermächtigt, Sir«, lispelte die Stimme. »Habe ich richtig gehandelt?«

Verwirrt und wütend zog sich der Offizier an und griff nach dem Behälter mit seiner Waffe.

Unaufgefordert zeigten die Sensoren Khalia und Danecki den Saboteur. Er grinste vor sich hin, während er die Spulen in die Konsole schob. Er hörte die Rufe des Mädchens lange, bevor sie die riesige Halle erreichte. Er stürzte ihr entgegen.

Das Mädchen rannte mit wehenden Haaren durch den gewundenen Korridor, verfolgt von dem Offizier, der haßerfüllt seine Waffe überprüfte.

Das Mädchen traf mit dem Saboteur zusammen. Sie umarmten sich, und dann trat der Offizier aus einem der schwarzen Schächte.

Khalia schloß die Augen und klammerte sich an Danecki.

Er verfolgte den letzten Akt des Dramas, aber seine Gedanken blieben bei der Szene vorher. Was hatte der Saboteur mit der Schwarzen Armee gemacht?

Das Mädchen starb zuerst. Die Ladung des Strahlers traf sie am Kopf. Blut spritzte, lief über die Arme ihres Geliebten, über das goldene Haar.

Der Mann bleckte die Zähne, in der Hand hielt er das Messer mit dem goldenen Griff.

Er schleuderte es mit aller Kraft.

Das Messer funkelte. Schwarz-gelbes Feuer antwortete, löschte Wut, Haß und Liebe in einem Augenblick. Der Körper des Mannes bäumte sich auf, dann brach er über dem Mädchen zusammen.

Der Diensthabende Kommandeur blickte auf den Messergriff hinunter. Er nickte kurz und sank in sich zusammen.

»So sind sie also gestorben«, flüsterte Khalia. »Das Mädchen hielt den Offizier fest, während ihr Liebhaber zum Geschoß Neun hinunterstieg. Sie muß oben im Stützpunkt gearbeitet haben, und der Offizier brachte sie insgeheim hinunter.«

Die Bilder verblaßten, zogen sich in die Wände zurück.

»Es ist lange her«, sagte Danecki leise. Aber auch er war ergriffen.

»Deshalb konnte die Armee nicht marschieren«, meinte Khalia.

»Ja.«

Khalia sah an sich hinunter.

»Ich habe nichts anzuziehen. Es ist lächerlich. Die Maschinen haben mir meine Sachen weggenommen.«

»Kleidung!« rief Danecki.

»Gewiß, Sir!« lispelte der unsichtbare Roboter.

Ein Gewand schwebte aus einer Öffnung in der Wand.

Khalia betastete es.

»Ihrs«, sagte sie. »Oder eines von gleicher Art.«

Sie zog sich an und drehte sich um.

»Der Roboter hat sie verraten. Er ist – gemein!«

»Allerdings. Dross hat auch hier recht. Das Fort und seine Systeme haben Verhaltensweisen entwickelt, die von den Technikern der Konföderation nie vorgesehen waren. Es ist absurd, aber ich habe das Gefühl, daß wir es mit einem unerbittlichen Gegner zu tun haben.«

Die Maschine war ein verschlagener, bösartiger Feind. Und doch handelte es sich um einen Roboter!

»Was hat der Mann mit der Steuerung der Schwarzen Armee gemacht?« fragte Khalia. »Er muß sie zum Stillstand gebracht haben, aber was tat er noch?«

»Das müssen wir herausbekommen«, sagte Danecki.
»Kannst du das?«
»Ich glaube schon. Ich habe ihm zugesehen.«
Er schaute sich im Zimmer um, atmete tief ein.
»Paß auf!« rief er. »Ich bin der Diensthabende Kommandeur!«
»Wenn Sie es sagen, Sir!« lispelte der Roboter.
»Die Schwarze Armee ist in Gefahr!«
»Das habe ich mir schon gedacht, Sir«, sagte das Ding mit einer Spur von Schadenfreude in der Falsettstimme.
»Du besitzt Informationen über die Stornierung der Steuerorgane für die Armee.«
»Gewiß, Sir! Wie kann ich behilflich sein?«
Danecki starrte Khalia an.
Konnte es so leicht sein? Auskunft verlangen und sie so einfach erhalten?
Danecki blickte verwirrt und triumphierend zur Decke hinauf.
»Erklär' mir die Methoden!« knurrte er.
»Völlig nutzlos, Sir!« antwortete der Haremsroboter. »Ich fürchte, die Abschaltorgane haben keine Funktion mehr.«
Daneckis Schultern sanken hinab.
»Erklär das!«
»Gern, Sir. Ich muß darauf hinweisen, daß die Schwarze Armee, wie Sie meine Kollegen unten nennen, im Begriff ist, zu marschieren. Alle Abschalt- und Kontrollsysteme sind außer Betrieb. Nichts, Sir, kann den Marsch der Armee aufhalten!«

»Marsch, marsch!«
Danecki war betäubt.
»He-he!« kicherte der Roboter. »Sie kennen den Weg, Sir?«
Khalia versuchte Danecki zurückzuhalten, aber er hatte sich schon in Bewegung gesetzt. Der Tonfall des Roboters verriet ihr, daß er wieder einen heimtückischen Anschlag plante.
Es würde das Ende sein. Danecki hastete auf die schwarze Öffnung zu, durch die ein wutentbrannter, enttäuschter Liebhaber und Offizier vor so langer Zeit gestürmt war. Wie der grimmige Kommandeur kannte er den Weg zum Geschoß Neun. Und wenn er dort ankam?
Danecki weigerte sich, die Folgen zu bedenken.

Der Weg durch den schwarzen Tunnel nahm zwanzig Sekunden in Anspruch. Khalia zählte sie mit pochendem Herzen, nach dem

Schauspiel immer noch wie im Schock. Sie versuchte Danecki zu warnen, aber die heftigen Windstöße der Kraftfelder wirbelten die Laute davon.

Sie fühlte, wie ihr Haar flatterte, wie die rauhen Finger des Kraftfelds nach dem dünnen Gewand griffen, während sie in die Tiefe hinabgetragen wurden. Ein Gefühl überwältigender düsterer Vorahnung erfüllte sie. Trauer stieg in ihr auf, aber sie konnte nichts tun.

Die Dinge mußten ihren Lauf nehmen.

Danecki trat in den gewundenen, trübe beleuchteten Korridor, in den Lärm der Stimmen von einem Dutzend Systemen. Sie heulten, schrien, klagten und erteilten einander Befehle.

»Komm!« rief er Khalia zu. Er wußte, daß sie noch eine oder zwei Minuten von den Gebeinen und der riesigen unterirdischen Halle entfernt waren, wo die Schwarze Armee seit tausend Jahren unter Waffen stand.

Eine Explosion erschütterte den Korridor und bewies, daß der Bruderkampf zwischen den einzelnen Systemen noch immer anhielt.

»Ich übernehme die Kommandofunktionen, obwohl mir Entscheidungen schwerfallen!« brüllte die Stimme des Sicherheitssystems Danecki ins Gesicht.

Er und das Mädchen prallten noch von einer Wand des Tunnels zur anderen, als eine zweite Explosion sie hochhob. Durch den Schacht drang der Widerhall fernen Donners, die Stimmen der Automaten blieben kurze Zeit stumm.

Bald brachen sie wieder aus, wirre Begleitung für Daneckis und Khalias Sturm durch den Tunnel.

»Ich werde von Wartungssystemen angegriffen«, klagte die Stimme der Befehlszentrale. »Das erscheint mir verwirrend. Ich werde damit fortfahren, sie zu zerstören.«

»Ich bin ebenfalls fähig, Offensivaufgaben zu erfüllen!« rief das Sicherheitssystem. »Die Prozesse wirksamer Entscheidungsfällung entziehen sich mir nach wie vor!«

Khalia erkannte das heimtückische Lispeln des Haremsroboters in dem Stimmengewirr: »Dieser Automat meldet die Flucht der Konkubine des Diensthabenden Kommandeurs. Ich finde die Lage faszinierend.«

Danecki hörte es auch. Dross hatte unzweifelhaft recht, dachte er. Die Roboter wurden zu unterscheidbaren Persönlichkeiten, jeder mit anderen beherrschenden Zügen.

Nur eines blieb unverändert: Die Schwarze Armee würde marschieren.

Danecki hetzte um die letzte Biegung zu den Gebeinen. Die Skelette lagen immer noch an ihrem Platz.

»Was können wir denn tun?« rief Khalia.

»Ich weiß nicht – vielleicht können wir sie aufhalten. Die Steuertafel darf nicht zerstört werden!«

Er stürmte in die riesige Halle, wußte, daß er zu spät kam, daß alles umsonst war. Und doch mußte er sich weiter bemühen.

Wieder meldete sich eine metallische Stimme, diesmal aus der unterirdischen Höhle: »Ich werde die Armee selbst führen! Countdown ab Zehn zur Öffnung des Kreiselschachts. Jetzt!«

Danecki taumelte.

Ein dröhnendes, rauschendes Triumphgeschrei warf ihn zurück, als er das Ende des langen Korridors erreichte. Es war ein Schrei der Roboterbegeisterung, ein lange aufgestauter Schrei grenzenloser Freude. Er stieg aus den endlosen Reihen monolithischer Automaten empor:

»Zehn!«

»Vorwärts!«

»Neun!«

»Vernichtet!« antwortete die Stimme des Führers.

»Acht!« donnerte es zurück.

Endlich begriff auch Khalia das Ausmaß des Roboterverrats.

»Es kann nicht sein!« stieß sie hervor. »Nein! Nicht der auch!«

»Sieben!« brüllte die Schwarze Armee.

Danecki hielt sich an der Tunnelwand aufrecht. Er erinnerte sich an das erstemal, als er die Stimme des Roboters an der Spitze der Phalangen gehört hatte. Er war ihm beinahe menschlich erschienen, und er konnte nie so verrückt werden wie die kalt-logischen, wahnsinnigen Automaten der Konföderation.

»Wie konnte er?« flüsterte Khalia. »Wie nur?«

Danecki stand vor derselben unbegreiflichen Frage. Eine Antwort schien es nicht zu geben. Wie hatte der Roboter das tun können?

Danecki starrte den Führer der Schwarzen Armee fassungslos an.

»Vier!« dröhnten die Monolithen.

»Vorwärts!« rief ihr Anführer.

Der Boden des ungeheuren Saales zitterte unter der kaum bezähmten Energie der Armee. Danecki konnte sich nicht bewegen.

Reihe um Reihe warteten sie, daß sich der große Schacht öffnete, der sie durch Gestein und Schotter hinaufwirbeln würde, bis sie durch Gesträuch und Wald hinausbarsten, um die Dörfer der Siedler zu erstürmen.

An ihrer Spitze stand ein kleinerer Roboter. Eine kleine Gestalt von stumpfer grüner Bronzefarbe, sie beherrschte die ganze bizarre Szene.

»Batibasaga!« seufzte Khalia. »Es ist Batibasaga.«

»Achtung!« schrillte die vertraute Stimme von Dross' Roboter.

»Zwei!« hallte es zurück.

Große, schwarze Schädel erglommen. Hunderte, Tausende von Antennen wirbelten.

»Aufhalten!« schrie Khalia.

Danecki löste sich aus seiner Erstarrung. Die Konsole – vor zehn Jahrhunderten hatte schon einmal ein Mann gehandelt, hatte den Weg gezeigt. Danecki begann zu laufen.

Die Roboter achteten weder auf ihn noch auf Khalia.

»Eins!«

Der gewaltige Aufschrei ließ Danecki wieder zurücktaumeln, Khalia wurde an die Metallwand geworfen.

Danach kam kein Laut mehr. Das Gebrüll der Fortsysteme war zu Ende. Die legendäre Armee würde marschieren.

»Marsch!« schrie Batibasaga.

Danecki hörte Khalias Schrei: »Laß es nicht zu! Die Siedler!«

Danecki sprang auf die Plattform, ohne auf das Mädchen zu achten.

Er suchte in verzweifelter Hast nach der Wand mit der verborgenen Steuertafel. Die Wand selbst war verschwunden. Flüssiges Metall bedeckte den Boden, dahinter lag Staub. Der Haremsroboter hatte recht gehabt: Die Steuerung der Armee war zerstört.

In dem Sekundenbruchteil, der noch blieb, schrie Danecki seine ganze Verzweiflung und Enttäuschung hinaus: »Batibasaga! Halt sie auf! Sie dürfen nicht marschieren – nicht das Fort zerstören!«

Khalias Blick begegnete dem seinen.

»Abschalten!« brüllte Danecki.

Die Rückwand der Höhle brach auseinander.

Khalia und Danecki spürten, wie ihnen der Atem aus der Brust gepreßt wurde. Sie nahmen wahr, wie ein riesiger Kreiselschacht entstand.

Batibasaga trat hinein.
Die Armee marschierte.
Sie glich einem Lavastrom.
Unaufhaltbar, mit rot-schwarzen Nuklearkräften pulsierend, eine lebende Mauer aus dichtgedrängten, alles niederwalzenden Maschinen.
»Ich habe versagt«, stieß Danecki hilflos hervor. Er wußte, was Khalia meinte, als sie immer und immer wieder flüsterte: »Aber warum? Warum?«
Es blieb nichts mehr zu tun, als die Rückwand der Halle zu beobachten, wo die Öffnung die gigantischen Monstren verschluckte, Reihe um Reihe, Phalanx um Phalanx.
Die schweren, schwarzen Roboter brauchten nur Minuten, um die Halle zu räumen. Als sie verschwunden waren, blieb klirrende Stille in der Höhle.
Danecki deutete zum Schacht.
»Wir könnten hinauf.«
Khalia schauderte.
»Nein«, sagte er. »Nicht da hinauf.«
Er dachte an die durch die Dunkelheit brechenden Ungeheuer, die mit rotierenden Antennen nach der Wärme menschlicher Leiber fahnden würden.
»Was können wir tun?« flüsterte Khalia.
Danecki starrte zum Kreiselschacht.
»Warten.«
»Wie lange?«
»Bis sie die unmittelbare Umgebung des Forts hinter sich gelassen haben. Eine Stunde.«
»Nicht so lange.«
Die Stimme war hinter ihnen.

17

Khalia wußte, daß es mit der Tücke des Forts noch kein Ende hatte. Es atmete böswillig-verschlagen rings um sie, und hier war es am schlimmsten, am gefährlichsten. Sie kannte die Stimme.
Danecki hörte die Stimme ebenfalls und wußte auch, was nun geschehen würde. Obwohl die Zeit in Sekundenteilen zu messen war, schien es eine Ewigkeit zu dauern.

Jacobi stieß das scharfe Messer schon nach vorn, getrieben von seinem sicheren Ziel – und weshalb sollte es nicht sicher sein? Er hatte Zeit gehabt, die Entfernung abzuschätzen, sich die geeignete Stelle auszusuchen, während Khalia und Danecki den Marsch der furchtbaren Armee verfolgt hatten.

Der Stoß würde kommen, und doch war alles plötzlich wie erstarrt.

Danecki konnte alles sehen, alles hören, über alles nachdenken, während die Zeit stillstand.

Er sah, wie Khalia zu begreifen begann, daß der Tod hinter ihm stand. In ihren Augen entstand schon die Trauer darüber, daß sie nicht das gemeinsame Leben besitzen würden, das – wie sie wußten – schön geworden wäre. Keine Zeit zum Lieben, keine Zeit, sich gegenseitig zu entdecken, zusammenzuwachsen.

Danecki hatte Zeit, über sein Handeln seit dem Sturz durch den Kreiselschacht nachzudenken.

Er hätte die instinktive Bewegung vollenden und dem Jungen das Genick brechen sollen. Dann gäbe es diesen unendlich langen Augenblick der Agonie jetzt nicht, den Blick plötzlicher Leere in den Augen des Mädchens, als sie Jacobi hinter ihnen bemerkte.

Selbst als das Messer durch seine Rückenmuskeln drang, blieb noch Zeit, den vergeudeten Aufwand an Energie und Mühe für die Programmierung von Dross' Roboter zu bedauern und sich zu fragen, ob Knaggs sich nicht doch geirrt hatte.

Wäre alles anders gekommen, wenn er andere Entscheidungen getroffen hätte?

Danecki hatte sich halb gedreht, bis Jacobi den kraftvollen Stoß vollendete. Der Schmerz trieb die Luft aus seinem Brustkorb. Er versuchte zu atmen, aber ein Lungenflügel nahm keinen Sauerstoff an, weil die Nerven von der Wucht des Stoßes gelähmt waren.

Danecki sah, wie Jacobi ihn anstarrte.

Er schüttelte den Kopf.

»Ich wollte nie –«, begann Danecki.

Er sah Khalia auf sich zukommen.

Und das war alles.

Khalia starrte den Messergriff an.

Er ragte unter Daneckis rechter Achselhöhle hervor, der glatte, goldene Griff schimmerte auf der braunen Haut.

»Sie haben das Messer gefunden«, flüsterte sie, während sie

Daneckis Kopf in ihren Schoß bettete. Jacobi starrte sie an. »Es lag bei den Gebeinen. Man hat Ihnen gesagt, wo wir zu finden sind.«

»Ich mußte!« stieß Jacobi hervor. »Ich mußte es tun! Er war ein Mörder!«

Khalia horchte auf den Herzschlag. Es gab keinen. Sie berührte den Messergriff und fragte sich, ob sie das Messer herausziehen sollte.

Jacobi sah es und wich zurück.

»Ich bin zugelassen! Die Galaktische Zentrale hat meine Lizenz bestätigt – wir hatten die Genehmigung, mit einem Hyperraumschiff zu jagen. So arbeitet unsere Justiz! Die Roboter wußten es. Sie haben mir gesagt, wo ihr seid.«

»Sie haben ihn umgebracht«, sagte Khalia.

Sie wischte Danecki mit dem Hemd das Blut von den Lippen.

»Sie haben ihn umgebracht«, sagte sie zu Jacobi. »Sie haben meinen Mann getötet. Sie.«

Jacobi wich zurück.

»Es war meine Pflicht! Er hat meinen Bruder getötet! Meinen Vater! Meine Schwester – ihre Kinder! Er war ein vielfacher Mörder!«

Khalia spürte, wie die Mordlust in ihr aufstieg. Sie griff nach seinem gebrochenen Arm.

Jacobi stand da wie angewurzelt. Er war entsetzt von ihrer Wut, verwirrt vom Marsch der Roboter, niedergedrückt von den Schrecknissen des Forts.

Sie packte seinen Arm und drehte ihn herum. Jacobi kreischte.

Er schrie noch immer, als die lispelnde Stimme des Haremsroboters seine Dienste als Mittelsmann zwischen der Befehlszentrale und den Sicherheistsystemen anbot.

»Dieser neue Notfall zwingt mich zu einer Schlußfolgerung«, sagte der Roboter. »Da ich das einzige System in der Anlage bin, das über sämtliche Fakten verfügt, habe ich beschlossen, meine Dienste als Vermittler zwischen den beiden Parteien anzubieten, die sich unter den Hauptsystemen gebildet haben.«

Jacobi konnte nicht zuhören. Er lag am Boden, Khalias Fuß stand auf seinem Nacken.

Weder Khalia noch er hörten, wie ihr Schicksal von der weibischen Stimme entschieden wurde.

»Ich bin nicht in der Lage, die Kommandoprobleme zu bewältigen«, sagte das Sicherheitssystem. »Ich bin bereit, eine Vermittlung zu akzeptieren.«

»Ich hatte meine eigenen Probleme«, gab die Stimme der Zentrale zu. »Logische Argumente höre ich mir jederzeit an.«

»Nun gut«, lispelte der Haremsroboter. »Durch einen Defekt in unserem Nachrichtensystem ist die Gegenwart von gegnerischen Streitkräften nicht genügend beachtet worden.«

»Das ist nicht gut«, sagte Sicherheit.

»Es muß korrigiert werden«, bestätigte die Zentrale.

»Ferner ist nichts von der Anwesenheit des Diensthabenden Kommandeurs mitgeteilt worden«, fuhr die Lispelstimme fort.

»Das ist nicht gut«, erklärte das Sicherheitssystem.

»Ich war verwirrt«, sagte die Befehlszentrale.

»Ich nicht«, meinte der Haremsroboter. »Ich bin zwar nur von mittlerem Rang, besitze aber Aufzeichnungen über die Maßnahmen des Kommandeurs. Er hat richtig gehandelt.«

»Dann wird er das Kommando übernehmen«, sagte die Zentrale.

»Leider ist er eben getötet worden«, sagte der Haremsroboter. »Seine Mörder sind die Eindringlinge, Gegner der Konföderation.«

Es gab eine lange Pause.

Khalias Mordlust erstarb.

Sie begann zu begreifen, welche Anstrengungen es Danecki gekostet hatte, den Jungen nicht zu töten. Sie zog den Fuß zurück.

»Morde müssen dem Diensthabenden Kommandeur gemeldet werden«, meinte Sicherheit.

»Der Diensthabende Kommandeur ist tot«, betonte die Zentrale.

Khalia lauschte. In der riesigen Halle besprachen sich die drei Roboterstimmen wie Diebe in einem Friedhof.

Tot. Danecki war tot!

Khalia fragte sich, ob sie noch leben wollte.

Jacobi stöhnte.

»Mir ist das Problem zu schwierig«, sagte das Sicherheitssystem. »Wie kann dem Diensthabenden Kommandeur der Mord an dem Diensthabenden Kommandeur gemeldet werden? Ich weiß, daß ein toter Kommandeur nicht funktionieren kann. Menschen sind nicht reparierbar.«

»Die Schwarze Armee ist marschiert«, warf eine neue Stimme ein. »Soll die Anlage jetzt bereits zerstört werden?«

»Nein!« antworteten Sicherheit und Zentrale gemeinsam. »Zwischen dem Marsch der Armee und der Zerstörung muß mindestens eine Stunde liegen.«

Nachdem das geklärt war, meldete sich der Haremsroboter erneut.

»Es ist üblich, daß Menschen wegen Mordes vor Gericht gestellt werden. Das ist ein Verbrechen.«

»Menschen werden die Eindringlinge vor Gericht stellen«, sagte Sicherheit.

»Bald wird es keine Menschen mehr geben«, erklärte die Zentrale. »Die Schwarze Armee marschiert.«

Khalia und Jacobi lauschten jetzt.

»Wenn es keine Menschen gibt, können die Eindringlinge nicht vor Gericht gestellt werden«, sagte Sicherheit. »Das glaube ich jedenfalls.«

»Ich werde eine Entscheidung treffen«, verkündete die Zentrale. »Das ist meine Aufgabe.«

Khalia weigerte sich, Danecki zu verlassen.

Jacobi raffte sich auf und ging in der Halle herum. Nach einer Weile sagte er: »Sollten wir nicht versuchen, hinauszukommen? Mit Ihnen habe ich keinen Streit.«

»Dann gehen Sie«, sagte das Mädchen.

»Aber Sie!«

Khalia ignorierte ihn.

»Was sollen wir mit ihm tun?« fragte Jacobi.

Khalia betrachtete Daneckis im Tod entspanntes Gesicht.

»Es spielt keine Rolle.«

»Sie können hier nicht bleiben – versuchen wir die anderen zu finden. Vielleicht entdecken wir den Weg nach draußen. Wir brauchen nicht zu warten, bis das Fort beschließt, sich in die Luft zu sprengen.«

»Das wird es nicht tun«, sagte Khalia. »Es wird durch eine Verwerfung in den Planetenmantel stürzen. Wir werden verbrennen.«

»Ihr seid des Mordes verdächtig!« schrie plötzlich eine metallische Stimme. »Frau, Sie müssen sich dem Offizier der Gerichtskommission der Zweiten Planetarischen Konföderation stellen. Mann, Sie müssen die Frau begleiten!«

Die Maschine wartete.

»Was bedeutet das?« fragte Jacobi. Er wirkte wie ein kleiner Junge. Sein Gesicht war eingefallen vor Erschöpfung. Khalia empfand kein Mitleid mit ihm.

»Es bedeutet, daß wir festgenommen werden«, erwiderte sie tonlos. »Die Maschinen glauben, daß wir den Diensthabenden Kommandeur umgebracht haben.«

»Aber – aber ich dachte, der sei schon vor tausend Jahren getötet worden. Das Fort kann doch nicht glauben, daß wir Saboteure sind! Das ist Wahnsinn!«

»Gehen Sie zur Befehlszentrale«, befahl die Roboterstimme. »Sie stehen unter dem Schutz der Charta der Menschenrechte und können auf die Beschuldigungen einzeln oder gemeinsam antworten. Gehen Sie sofort. Andernfalls werden Zwangsmittel angewendet.«

»Ich verfüge über Zwangsmittel«, erklärte der Sicherheitsroboter. »Alle funktionieren.«

»Aber das Fort wird sich doch in Kürze zerstören!« schrie Jacobi. »Es kann uns doch jetzt nicht verhaften. Nicht, wenn es nur noch eine Stunde existiert!«

Khalia ließ ihn stehen. Sie ging auf den engen Korridor zu, der zur Befehlszentrale führte.

Bevor sie hinaufstieg, rief sie laut: »Gebt dem Diensthabenden Kommandeur ein angemessenes Begräbnis.«

Das letzte, was sie von der riesigen Halle sah, waren die lautlos hinabsinkenden und nach Danecki greifenden Trossen.

18

Dross und Wardle waren gealtert.

Khalia sah, daß sie von dem Tod Daneckis wußten und davon, wie er gestorben war. Dross und Wardle standen nebeneinander. In der Ecke lag Mr. Mondmann.

»Wir haben es gesehen«, sagte der fahle Archäologe. Sein Mund wirkte eingesunken. »Was kann ich sagen? Er war ein Mann, der nach einem Jahr der Verzweiflung fast das Glück kennengelernt hätte. Ich leide mit Ihnen, meine Liebe.« Er wies auf den Bildschirm, der grünlich schimmerte. »Wir haben alles beobachtet. Die Schwarze Armee, Sie und Mr. Danecki, dann den Jungen, der auf Sie zuschlich.«

»Wir konnten nichts tun«, warf Wardle ein. »Ich wollte durch den Korridor, aber der Weg war versperrt. Das Fort scheint endlich erkannt zu haben, daß wir Eindringlinge sind, und behandelt uns als solche. Wie werden wohl als Spione angesehen.«

»Nein«, sagte Khalia. »Es will uns als Mörder verurteilen.«

Sie berichtete.

Sie alle starrten Jacobi an, der an einem Fingerknöchel nagte, leichenblaß, voll Angst.

»Ich war zugelassen«, krächzte er. »Unsere Gesetze sehen ein Leben für ein Leben vor. Er wäre entkommen, ich wußte es. Sie sagten, daß ihm etwas eingefallen sei. Es fiel ihm immer etwas ein. Als mein Bruder und ich ihn draußen im Wald in einer Falle hatten, entkam er auch! Als ich ihn einfing, fanden *Sie* ihn. Und er hätte es wieder geschafft! Sie haben ihn nicht so gut gekannt wie ich.«

»Wir haben ihn gekannt«, sagte Wardle.

»Wir sind also wieder so weit wie am Anfang«, sagte Mr. Mondmann plötzlich. »Die Maschinen waren uns überlegen.« Er polierte den schwarzen Roboterschädel in seinem Armen. »Drei Tote«, sagte er. »Mr. Knaggs, die arme Mrs. Zulkifar und jetzt Mr. Danecki, den ich sehr bewundert habe, Opfer eines barbarischen Blutracheritus. In allem, was von der Konföderation geblieben ist, liegt etwas Bedrohliches, nicht wahr, Doktor?«

»Gewiß, mein Freund«, sagte Dross.

»Ich wußte, daß die Maschinen siegen würden«, fuhr Mr. Mondmann fort. »Ohne einen Mann wie Danecki siegen die Kräfte des Dunkels immer.«

Auch er starrte Jacobi an.

Wardle ging wieder einmal ruhelos hin und her.

»Eine Stunde, wie? Eine Stunde, bevor die Zerstörungssysteme ausgelöst werden. Was können wir in einer Stunde erreichen? Und ist das Gerede von einem Prozeß ernst zu nehmen? Ich meine, wenn sich die ganze Anlage in einen Riß der Erdkruste stürzt, wird sie doch auf dieses Theater verzichten, oder, Doktor?«

»Die Konföderation hat einfallsreiche Roboter gebaut«, meinte Dross. »Das ist aber im Grunde unwichtig, nicht wahr, Brigadier? Vor Gericht können uns die Roboter stellen. Töten werden sie uns, auf jeden Fall, ob durch die Justizprozesse der Charta der Menschenrechte oder durch den Sturz in das Inneres dieses unglückseligen Planeten. Große Gedanken brauchen wir uns darüber nicht zu machen. Wir sollten uns auf das Ende vorbereiten. Warum uns die letzten Minuten schwermachen, indem wir falsche Hoffnungen erregen, Brigadier?«

Khalia wußte, daß sie den Tod willkommen heißen würde. Sie fröstelte.

»Gibt es nicht doch eine Hoffnung, Brigadier? Doktor?« fragte Jacobi.

»Sie haben unsere Hoffnung getötet«, sagte Khalia.

*

Als die Roboter hereinkamen, schrie Khalia auf.

Sie schienen einem Alptraum entsprungen zu sein, drei Meter hohe, groteske Gestalten in schwarzen Roben. Sie waren zu dritt.

Der Anführer, mit einem Kopf wie aus behauenem Eisenerz, trug ein zwei Meter langes Schwert. Es blinkte im Licht, als sich der Automat langsam den Menschen zuwandte. Er hatte sich eine Perücke auf den Kopf gestülpt.

Dross seufzte betroffen und mit widerwilliger Bewunderung.

»Sie haben sich zu Persönlichkeiten entwickelt«, sagte er. »Sie haben für jeden einen Körper konstruiert und die Roben der Konföderationsrichter übernommen. Eine solche Entwicklung hätte ich nicht in meinen kühnsten Täumen erwartet!«

Die beiden folgenden Roboter waren ebenso imposant und schreckenerregend wie der Schwertträger. Einer von ihnen trug einen Strick, der dritte kam auf spindeldürren Beinen.

»Ungeheuer!« flüsterte Wardle. »Ungeheuer!«

Jacobi war zusammengebrochen. Er schluchzte und rief nach seiner Mutter.

Mr. Mondmann und Dross betrachteten die unheimlichen Roboter gefaßt. Khalia empfand eine hilflose Bewunderung für die beiden. Sie nahmen die Roboter als das, was sie waren: von Menschen erdachte und gebaute Dinge. Sie waren keine Wesen aus dem Jenseits, sondern Anordnungen von Molekülketten, legierten Metallen und Kunststoff.

»Was werden sie tun? O Gott, warum bin ich hergekommen?« jammerte Jacobi.

»Auswüchse!« sagte Wardle zornig. »Was seid ihr? Verdammt, was hat euch so gemacht?«

Khalia war froh, daß auch Wardle sich ihnen stellen konnte. Es half ihr, die stoische Haltung von Mr. Mondmann und Dross und den Zorn und das Entsetzen in Wardle zu sehen.

»Was werden sie tun?« kreischte Jacobi.

»Sie werden Sie wahrscheinlich hängen«, sagte Mr. Mondmann.

Die Roboter stellten sich vor den Menschen auf.

»Erhebt euch vor dem Oberrichter der Konföderation!« lispelte die Stimme des Haremsroboters. Sie drang aus der Gestalt mit den Spindelbeinen und dem affektierten Gang.

»Das nehme ich«, sagte die unverwechselbare Stimme des Sicherheitssystems zum Oberrichter.

Er gab dem Roboter das Schwert.

»Hi-hi-hi!« lispelte der dritte Roboter. »Die Sitzung ist eröffnet.«

Der Oberrichter machte eine Verbeugung und tat so, als setze er sich.

»Ihr seid Saboteure, Mörder und Spione«, erklärte er mit der Stimme der Befehlszentrale. »Damit seid ihr Verbrecher.«

Dross murmelte etwas, was Khalia nicht verstand. Der Roboter fing es auf.

»Menschen sind keine Maschinen«, antwortete er. »Stimmt.«

»Wir hatten solche Mühe mit den Verfahrensmethoden«, lispelte die weibische Stimme. »Da fiel mit eine alte Aufzeichnung ein, die wir hatten, ich holte sie heraus, und meine Kollegen erklärten sich bereit, den alten Justizregeln der Konföderation zu folgen.«

»Jetzt spreche ich«, sagte die Zentrale.

»Ich führe die Entscheidungen des Gerichts aus«, erklärte das Sicherheitssystem. »Das ist meine Funktion.« Der Roboter streichelte den Strick.

»Ich treffe Entscheidungen«, betonte der Oberrichter.

»Ja«, sagten die anderen beiden Roboter im Chor.

»Erstaunlich!« entfuhr es Dross. »Wirklich erstaunlich! Was für ein enormer Schritt, Brigadier. Die Roboter übernehmen die Funktion der menschlichen Kontrolle der Konföderation.«

»Ruhe!« lispelte der Haremsroboter. »Alles muß genau nach Vorschrift geschehen.«

»Du redest zuviel«, sagte Sicherheit. »zu sprechen haben die Verbrecher, bevor sie hingerichtet werden.«

»Ihr könnt uns nicht hinrichten!« stieß Wardle hervor. »Ihr seid Maschinen, verdammt noch mal! Maschinen tun so etwas nicht. Sagen Sie es ihnen, Doktor!«

»Ich war einige Zeit verwirrt«, sagte der Oberrichter. »Jetzt verstehe ich meine Funktion. Ich muß sie euch klarmachen.«

Khalia sah, daß Jacobi zum Ausgang kroch.

»Zurückhalten«, befahl der Oberrichter.

Eine schwarze Trosse zuckte aus der Decke hinab und lenkte Jacobi zur Mitte der Höhle zurück.

»Warum sich wehren?« sagte Dross. »Wir sind schon alle tot. Wir. Mrs. Zulkifar. Mr. Danecki. Mein Freund und Kollege, Mr. Knaggs. Immer langsam, mein Junge.«

»Wir sind keine Spione und Saboteure. Es gibt hier nur einen Mörder, den Jungen mit dem Messer!« schrie Wardle. »Richter! Eine Justiz – das ist nur für Menschen! Ihr gehört nicht zur Welt der Menschen. Ihr seid Maschinen – Dinge, die wir zusammengesetzt haben!«

Khalia verfolgte, wie auf die irrsinnigste Weise Indizien und Vorwürfe gegen sie zusammengetragen wurden.

»Darf ich für die Anklage sprechen?« fragte die Lispelstimme. »Ich bin schließlich Zeuge, ja!«

»Du bist Zeuge«, bestätigte der Oberrichter.

»Er darf gar nicht aussagen«, rief Dross. »Ihr haltet euch nicht an die Regeln des Gerichtsverfahrens.«

»Sie können später sprechen«, sagte der Automat. »Weiter.«

Der dritte Roboter ging auf die Gruppe zu und deutete mit einem stählernen Skelettarm auf sie.

»Diese Spione sind durch den Kreiselschachttunnel eingedrungen. Sie haben versucht, die Armee zu finden. Die Frau ist eine Konkubine. Sie führte die anderen in das Fort. Sie war die Geliebte des Diensthabenden Kommandeurs.«

»Das ist doch alles tausend Jahre her!« sagte Khalia. »Tausend Jahre her!«

»Der Diensthabende Kommandeur ist tot«, erklärte der Sicherheitsroboter.

»Menschen leben nicht tausend Jahre«, sagte der zweite Roboter.

»Aber Automaten«, erklärte der Oberrichter.

»Ja!« rief der Sicherheitsroboter.

»Gut!« sagte der Haremswächter. »Das ist entschieden. Ihr seid keine tausend Jahre alt.«

»Purer Hohn!« entfuhr es Wardle. »Das ganze Fort steht kurz vor dem Untergang.«

»Unwichtig!« sagte der Oberrichter. »Das gehört nicht zur Sache, und es wird aus dem Protokoll gestrichen!«

»Wie?« fragte der Sicherheitsroboter.

Er schwang fragend das Schwert.

Khalia fragte sich, ob nun gleich alles vorbei sein würde.

»Die Worte werden gestrichen«, sagte der Oberrichter.

»Jawohl.«

Das Schwert sauste auf eine Reihe von Bedienungsorganen unmittelbar neben dem Sessel des Kommandeurs nieder.

»Gestrichen«, sagte der Roboter.

»Die Anklage beruht auf drei wesentlichen Punkten«, lispelte die Stimme. »Erstens auf den Aufzeichnungen, die das Eintreten des Diensthabenden Kommandeurs und seiner Konkubine zeigen, zusammen mit dem unbefugten Eindringen des Saboteurs. Diese lege ich jetzt vor.«

»Sie werden zugelassen«, sagte der Oberrichter. »Führ sie vor.«

Dross riß Mund und Augen auf, als ihm die uralte Geschichte gezeigt wurde.

Khalia sah wieder die Wollust in den Augen des Kommandeurs, erlebte noch einmal alles mit.

»Unglaublich!« sagte Dross. »Und wie logisch! Eine Frau lenkt den Kommandeur ab – sie schiebt ein kleines Gerät zur Identifizierung unter die Konsole, und ihr Partner kann ihr folgen. Was für eine Frau! Dadurch ist die Konföderation endgültig besiegt worden! Beweist das nicht, daß man der Maschinen immer Herr wird, Brigadier?«

»Eine traurige Geschichte«, meinte Wardle. »Sie glauben immer noch, daß man mit ihnen fertig werden kann?«

»Nein, nicht, was uns betrifft – aber denken Sie an die ungeheure Kompliziertheit der Anlage. Die endlosen Sicherheitssysteme – die Kontrollen und Doppelkontrollen. Und sie haben alles nichts genützt!«

»Sie sind gestorben«, flüsterte Mr. Mondmann. »Sie sind alle gestorben.«

Sie sahen das Mädchen aus dem grün-goldenen Zimmer stürzen, sahen die tragische Begegnung, den Tod.

»Uralte Geschichten«, sagte Dross zum Oberrichter. »Das ist alles so lange her, daß die Menschheit inzwischen wieder von neuem angefangen hat. Es gibt keine Konföderation mehr!«

»Falsch!« sagte der Sicherheitsroboter. »Ich bin das Sicherheitssystem für dieses Fort. Dieses Fort ist eine Anlage der Konföderation. Damit gibt es eine Konföderation!«

»Völlig richtig!« lispelte der Haremsroboter. »Mein nächstes Beweisstück.«

Es richtete die Strahlerpistole auf die Menschen.

»Dem Diensthabenden Kommandeur abgenommen«, lispelte er. »Unwiderlegbarer Beweis.«

»Der Strahler ist Danecki weggenommen worden!« brauste Wardle auf. »Das ist doch Wahnsinn, reiner Wahnsinn! Der Strahler lag tausend Jahre neben den Gebeinen des Diensthabenden Kommandeurs!«

»Sprechen Sie zum Gericht?« fragte der Oberrichter. »Dann dürfen Sie mich als ›Eure Lordschaft‹ ansprechen.«

»Guter Gott!« platzte Wardle heraus. »Daß ich den Tag erlebe, an dem ein Roboter so etwas von sich gibt!«

»Sie sind schuldig«, sagte der Haremsroboter. »Man sehe in ihre Gesichter. Damit ist der Fall für mich klar.«

»Jetzt?« knurrte der Sicherheitsroboter.

»Jetzt!« sagte der Haremsroboter kichernd.

Eine schwarze Trosse griff nach Khalia. Sie sah sie kommen, konnte ihrer klebrigen, kalten Umarmung aber nicht entgehen. Sie wurde zum Oberrichter geschoben.

Die Trosse kramte in dem Kleidungsstück, das sie vor so langer Zeit hastig übergeworfen hatte.

»Hier«, sagte der Sicherheitsroboter.

»Wie ich schon sagte!« erklärte der Haremsroboter. »Eine Ausweisplakette – die Person ist keine tausend Jahre alt! Sie ist eine junge Frau von zweiundzwanzig Jahren. Das ist eine Ausweisplakette der Konföderation für eine in einer Raketenbasis tätige Frau.«

»Zeig her«, sagte das Ding aus Eisenerz.

Dross war sprachlos.

»Sie – sie hat das Kleid oder was es ist, aus dem Raum der Konkubine!« sagte Wardle.

»Wenn sie ein Kleidungsstück der Konföderation trägt, ist sie keine tausend Jahre alt«, erklärte der Roboter der Zentrale.

»Also ist sie ein Mensch der Konföderation«, sagte das Sicherheitssystem. »Übernimmt sie das Kommando?«

»Du kannst keine Entscheidungen treffen«, erinnerte der Haremsroboter. »Sie trägt zwar Konföderationskleidung und hat eine Ausweisplakette, aber daraus folgt nicht, daß sie eine Raketentechnikerin der Konföderation ist.«

»Richtig«, sagte der Oberrichter. »Es ist verwirrend, aber ich muß entscheiden. Ich bin Richter, also werde ich richten.«

Eine neue Stimme meldete sich.

»Ich bin der Zerstörungsschaltkreis. Ich bin darauf programmiert, in Kürze aktiv zu werden. Ich habe voll Bewunderung zugehört. Soll ich die Zerstörung aufschieben, bis das Verfahren abgeschlossen ist?«

»Ja«, sagte der Oberrichter sofort. »Warte.«

Khalia wurde zu Dross zurückgedrängt.

»Wir müssen also warten, bis diese Farce vorbei ist?« sagte sie. »Bis wir verurteilt sind?«

»Es sieht so aus«, meinte Dross.

»Ja«, sagte Wardle. »Ja.«

Er pfiff leise vor sich hin. Khalia schob seine Nervosität auf einen beginnenden Nervenzusammenbruch. Als er hin und her zu gehen begann, fragte sie sich, ob sie richtig vermutete.

Beinahe zehn Minuten lang starrten die drei Roboter die Menschen an. Die Minuten verrannen schnell. Khalia wurde sich einer geheimen Spannung zwischen den Robotern bewußt. Es war, als habe jemand bei einem Bankett mit lauter Stimme um Aufmerksamkeit gebeten und dann vergessen, was er sagen wollte.

Dross sprach mit ruhiger Stimme von der Konföderation. Auf seine eigene gelehrte Weise war er glücklich. Er bedauerte nur, daß das unglaubliche Fort mit all seinen Relikten der alten, untergegangenen Konföderation langsam in die glühende Hölle unter der Erdkruste versinken sollte.

Das Rätsel würde für immer bestehen bleiben.

Endlich sagte der Oberrichter: »Spione, bekennt ihr euch schuldig?«

Dross zuckte die Achseln. Mr. Mondmann betrachtete den uralten Roboterschädel in seinen Händen. Khalia kam sich vor, als sei sie weit entfernt von diesen irren Vorgängen. Sie wußte, daß ihr Körper Nahrung und Schlaf brauchte, daß ihr Verstand sich nicht mehr zu konzentrieren vermochte. Ihr Leid war die einzige Wirklichkeit, die sie noch wahrnahm, und auch damit würde es bald zu Ende sein.

Dross hatte recht, dachte sie. Weshalb das Warten bis zur Unerträglichkeit steigern, wenn es nichts gab, was sie tun konnten, wenn keine Möglichkeit bestand, sich den Maschinen zu widersetzen.

Wardle blieb stehen.

»Wir bekennen uns alle schuldig!« fauchte er. »Jawohl, schuldig, Euer Lordschaft! Seien Sie still, Doktor – ich weiß, was ich tue. Und Sie auch, Miss. Überlassen Sie das mir – ich weiß, Ihnen ist es egal, was mit Ihnen geschieht, bei Ihrem Verlust, Ihrem schrecklichen Verlust, aber wir müssen auch an uns denken. Wir dürfen nicht aufgeben! Jawohl«, sagte er zu den drei monolithischen Gestalten. »Schuldig!«

»Das macht alles einfacher«, sagte der Haremsroboter. »Ich wollte euch Spione bitten, die Geschworenen zu stellen, aber da ihr euch für schuldig bekannt habt, bedarf es dieser Komplikationen nicht. Mein verehrter Vorgesetzter, du brauchst sie nur noch zu verurteilen!«

Der Oberrichter erhob sich langsam.

Der Sicherheitsroboter reichte ihm das funkelnde Schwert.

Das Schwert sank hinab und wies auf die Menschen.

Khalia fühlte den Protest in sich aufsteigen.

Welcher Tat waren sie schuldig? Eines tausend Jahre alten Verbrechens? Des doppelten Todes von Danecki?

Khalia starrte gebannt auf das Schwert, als es wieder hochzuckte. Das Ritual der unheimlichen Szene beherrschte sie.

»Tod«, sagte der Oberrichter.

19

Alle fünf Überlebenden stießen gleichzeitig den Atem aus. Dross ächzte, Wardle stieß einen Fluch aus, Mr. Mondmann stöhnte, Khalia hörte sich aufschreien, Jacobi kreischte. Der Alptraum hielt sie unbarmherzig gefangen.

Jacobi betastete seinen Hals, als der Roboter mit dem Strick spielte.

»Sie – Sie Narr!« brüllte er Wardle an.

Der Brigadier trat zu dem Jungen, legte ihm die Hand auf den Mund und zischte ihm etwas ins Ohr. Jacobis Augen weiteten sich.

Khalia verfolgte das Zwischenspiel so, als trage es sich an einem ganz anderen Ort zu, als sei es Teil der Ereignisse vor tausend Jahren.

»Eure Lordschaft!« sagte Wardle.

Der Oberrichter neigte den Kopf.

»Wir sind alle Soldaten der Antikonföderationsarmeen. Man darf uns nicht nach zivilem Recht behandeln. Wir haben das Recht, als Soldaten zu sterben!«

Der schwarze Monolith, der nach Jacobi greifen wollte, erstarrte.

»Ich bin wieder verwirrt«, sagte der Roboter der Zentrale. »Was zeigen deine Aufzeichnungen?« fragte er den Haremsautomaten.

»Ich bin auch verwirrt«, gestand dieser.

»Ich habe einen Strick«, meinte der Sicherheitsroboter.

»Wir sind Soldaten«, erklärte Wardle. »Wir müssen als Soldaten sterben. Das ist der Brauch. Im Morgengrauen, durch Erschießen.«

Khalia begriff plötzlich, was der Brigadier wollte. Der Überlebensinstinkt hatte sich bei einem anderen Angehörigen der Gruppe durchgesetzt. Der alte Offizier feilschte um einen Zeitgewinn.

*

Sie begann zu hoffen, daß er Erfolg haben würde. Die verzweifelte Trauer in ihr wurde durch Wardles Bemühungen zum Teil verdrängt. Er war ein Mann, der nie aufgab. Im Gegensatz zu Dross, der das Diktat eines unpersönlichen Schicksals zu akzeptieren vermochte, und Mr. Mondmann, den kaum noch etwas zu interessieren schien, besaß Wardle den grundlegendsten aller menschlichen Wünsche: daß das Leben weitergehen sollte, gleichgültig, unter welchen Bedingungen.

Der selbsternannte Oberrichter wartete.

Schließlich meldete sich der Haremsroboter. »Ich habe keine Information.«

»Weil du eben nichts weißt«, sagte Dross.

»Weil wir nichts wissen«, sagte der zentrale Roboter.

»Ich weiß es«, sagte Dross. »Ich weiß es, weil ich tausend Jahre alt bin.«

»Kein Mensch wird tausend Jahre alt«, sagten die drei Roboter gleichzeitig.

»Der letzte Mensch, der mit euch Kontakt aufgenommen hat, tat das vor tausend Jahren«, sagte Dross gelassen. »Ich bin ein Mensch. Deshalb bin ich tausend Jahre alt.«

»Oberflächliche Logik?« meinte der Haremsroboter.

»Ich bin verwirrt«, sagte das Sicherheitssystem. »Soll ich den Mörder hängen? Jetzt gleich?«

»Er und die anderen verlangen Tod durch Erschießen«, sagte der Oberrichter.

»Allerdings«, erklärte Dross. »Und weil ich ein Mensch bin und du eine Maschine, weiß ich über die Bräuche der Menschen mehr als du.«

»Das mag sein«, gab der Oberrichter zu.

»Deshalb wirst du tun, was wir verlangen.«

»Ich kann Spionen und Saboteuren nicht gehorchen.«

»Und Mördern«, warf die Lispelstimme ein.

Dross schüttelte enttäuscht den Kopf.

Khalia spürte die wachsende Erregung bei Wardle und Jacobi. Dross hatte sich doch wieder in den Kampf ums Überleben eingeschaltet.

»Tod durch ein Erschießungspeloton!« rief Wardle.

»Einverstanden!« sagte der Oberrichter.

»Ich habe wirksame Hinrichtungssysteme«, steuerte der Sicherheitsroboter bei. »Ich werde sie vorbereiten.«

»Im Morgengrauen«, sagte Dross.

»Einverstanden.«

Die Stimme der Zerstörungssysteme warf zögernd ein: »Soll ich das Vernichtungssystem abschalten?«

»Nein.« Der Oberrichter machte eine Pause. »Die Zerstörung wird bis nach der Exekution aufgeschoben. Diese humanoiden Konstruktionen beseitigen wir sofort.«

Die drei Roboter traten durch eine plötzlich aufklaffende Öffnung in der Wand.

Der Prozeß war beendet.

»Morgengrauen!« Jacobi nagte wieder an seiner Faust. »Wie lange noch? Wollen wir hier wie Ratten auf den Tod warten? In ein paar Stunden dämmert es! Was können wir tun?«

»Warten«, sagte Khalia.

Wardle nickte.

»Warten und hoffen«, sagte Dross. »Wir haben ein wenig Zeit gewonnen.«

»Sie hoffen, daß die Schwarze Armee verloren ist, nicht?« meinte Khalia.

»Sie haben den Saboteur zur Steuertafel gelangen sehen«, sagte Dross. »Ich frage mich, ob seine Mission nicht doch erfolgreich war.«

»Und selbst wenn, was würde uns das nützen?« fragte Wardle. »Die einzigen Menschen, die zu uns gelangen könnten, wären die Siedler und unsere Mitreisenden in den Ausflugsbooten – wenn sie nicht auch von den Raketen des Forts vernichtet worden sind. Die Siedler wissen nicht, wie sie uns erreichen können, die anderen wagen nicht, nach uns zu suchen.«

»Können es sich die Roboter nicht anders überlegen?« fragte Khalia.

»Das bezweifle ich«, erwiderte Dross. »Sie stehen wieder unter Kontrolle. Wir haben es nicht mehr mit einer Reihe verschiedener Persönlichkeiten, sondern mit einem einzigen, klar motivierten Wesen zu tun. Das zentrale Kommandosystem scheint wieder alles in der Hand zu haben. Verrückt mag es sein, rachsüchtig auch, aber zweckbestimmt ist es ganz sicher.«

»Wenn uns nur etwas einfiele!«

Wardle ging wieder hin und her.

»Wenn nur Danecki –«, begann Dross.

Er verstummte, als er Khalias gequältes Gesicht sah. Mr. Mondmann sah es auch. Dross und Wardle beobachteten ihn. Jacobi schreckte aus seiner Betäubung hoch.

Der Wiederbelebte richtete sich zu seiner ganzen Höhe auf. Er hob den uralten Roboterschädel hoch über die anderen Überlebenden.

Khalia sah, was er tat. Sie schrie.

Dross wurde bleich. Jacobi versuchte sich wimmernd hinter den Kommandosessel zu zwängen. Wardle starrte das gräßlichste Rätsel der modernen Zeit an.

Der Wiederbelebte verwelkte vor ihren Augen.

Hier war der Grund für das tiefe Mißtrauen, das alle normalen Menschen den unglücklichen Opfern der bizarren Zeitverzerrung entgegenbrachten. Dies war der Anlaß für den Abscheu, den die Opfer bei allen Betrachtern erregten – und bei sich selbst.

Die Wiederbelebten schwebten in einem labilen zeitlichen Gleichgewicht; sie wurden weder älter, noch verfielen sie. Jeder der wenigen Überlebenden des zwei Jahrhunderte dauernden Effekts konnte Zeitpunkt und Art seines Vergehens bestimmen. Die Wiederbelebten entschieden selbst über ihre Lebensspanne.

Mr. Mondmann war zu seiner Entscheidung über den Zeitpunkt seines Todes gelangt.

»Nicht!« schrie Khalia, von Übelkeit geschüttelt. »Es ist nicht vorbei! Sie dürfen nicht –«

»Ich habe schon einmal davon gehört«, sagte Dross leise. »Tun Sie es nicht, mein Freund!« rief er. »Wir warten gemeinsam – greifen Sie dem Schicksal nicht vor, Mr. Mondmann! Es hat hier schon genug Tote gegeben.«

Mr. Mondmann war ein körperloser Schemen. Der uralte Roboterschädel lächelte in sein hageres Gesicht.

»Transferenz!«

»Was?« flüsterte Wardle. »Was, Doktor?«

»Lassen Sie das nicht zu!« wisperte Khalia.

»Sie beherrschen die Methode der Transferenz!« sagte Dross staunend. »Daß wir das erleben – daß mir noch eines der größten Geheimnisse des Kosmos enthüllt wird! Mir, Dross!«

Aus dem dünnen Nebel drang eine Stimme.

»Minuten«, stöhnte sie. »Minuten, Doktor! Fragen Sie! Er soll sagen, woran er sich erinnert. Fragen Sie nach dem Namen und rufen Sie den Kommandeur der Konföderation! Nur Minuten, Doktor Dross!«

»Allmächtiger!« stieß Wardle hervor. »Was ist das?«

»Transferenz!« sagte Dross. »Das Ende eines menschlichen Wesens, das den Geist vor zwei Jahrhunderten aufgegeben hat – der Wiederbelebte kehrt in sein Grab zurück. Nein, Wardle, keine Fragen mehr – blicken Sie auf den Roboterkopf. Sehen Sie?«

Khalia hielt einen Schrei zurück. Sie sah den Roboterschädel lebendig werden. Seine humanoiden Züge verzogen sich belustigt, als er auf die Fragen wartete.

»Er – er lebt, Dross. Verdammt, er sieht uns an!«

Die Stimme drang mit bitterem Seufzen aus dem Gespenst, das den Schädel immer noch festhielt.

»Nützt die Zeit! Nützt ihn!«

»Nützen?« fragte Wardle. »Nützen? Diesen Schädel?«

»Ja, verstehen Sie denn nicht? Mr. Mondmann hat sich dafür entschieden, für die wenigen Minuten, in denen er die Kräfte der Ewigkeit zurückhalten kann, ein anderes Wesen zu erschaffen. Er hat den Abgrund durchquert und jemanden aus dem Grab zurückgebracht. Dieser Kopf, Wardle, ist der Brennpunkt für jemanden, der hier in den Tagen der Konföderation herumgelaufen ist!«

Jacobi wimmerte in die Stille hinein.

»Das können Sie nicht!« flüsterte Khalia. »Sie können das nicht!«

»Ich kann, muß und will, meine Liebe«, meinte Dross. »Der Mann hat uns alles gegeben, was er hatte, und wir müssen es akzeptieren.«

Er ging langsam auf die gespenstischen Umrisse zu. Der Schädel sah ihn an.

»Was bist du?« fragte Dross zitternd. »Ein Gespenst?«

»Ein Nichts«, antwortete der Roboterkopf

»Bist du ein Offizier der Konföderation?«

»Der Kopf eines Roboters, die Stimme eines Geistes, der Geist eines Mannes, der hier gestorben ist.«

»Du hast den Kommandeur gekannt!« rief Dross. »Er ist hier unten umgekommen – so konnte Mr. Mondmann dich zurückrufen. Ja! Knaggs hatte recht. Ich erinnere mich, daß er mir zu sagen versuchte, daß der Kopf ein Artefakt voller Erinnerungen sei. Und die Erinnerungen lagen die ganze Zeit in dem Schädel – im Schlamm von Jahrhunderten. Und die Erinnerungen haben dich zurückgebracht. Mr. Mondmann hat kein Gespenst herbefohlen! Nein!« Er wandte sich an die anderen. »Das ist kein Gespenst! Es ist ein dünner Ausschnitt von Roboterintelligenz – der Rückruf all dessen, was der Roboter über den Kommandeur je gehört und vermutet, was er je von ihm gesehen hat. Versteht ihr nicht? Das ist durchaus nichts Metaphysisches – es ist nur Maschinerie von Menschenhand, seit tausend Jahren in diesem Schädel enthalten. Wir sehen die Erinnerungen, die der Roboterkopf gespeichert hatte. Mr. Mondmann rief sie zurück und verlieh ihnen Form. Er konnte Zeit und Raum für kurze Augenblicke zusammenfügen – das ist das Geheimnis der Transferenz. Aber die Zeit vergeht.«

»Es ist kein Geist?« fragte Wardle. »Nur eine Maschine?«

»Nennen Sie sie eine vom Teufel besessene Maschine«, meinte Dross. »Und jetzt lassen Sie mich fragen, wie wir aus diesem verfluchten Loch entkommen können.«

Aus dem verrotteten menschlichen Gewebe unter dem lächelnden Roboterschädel drang ein leises Stöhnen. Mr. Mondmann gelangte zum Fort hinaus und in das Grab, in das er schon zweihundert Jahre vorher gehört hatte.

»Minuten«, sagte Dross. Er sah den Schädel an. »Wie lange?«

»Nicht genug!« antwortete die hohle Stimme.

»Dann beantworte mir dies!« rief Dross zornig. »Wie können die Zerstörungssystem abgeschaltet werden?«

»Wie?« fragte der Schädel. »Wie?«

»Du mußt es mir sagen!« zischte Dross. »Du mußt!«

»Ja«, sagte der Schädel lächelnd. »Es gibt einen Weg.«

»Heraus damit!« schrie Dross.

»Ja. Der Name. Schlüssel im Namen. Der Name des Kommandeurs. Nenn der Zentrale das Datum genau auf die Sekunde – auf den hundertmillionstel Teil einer Sekunde. Erdzeit. Dann gib ihr den Befehl, abzuschalten.«

»Der Name!«

»Mein Name.« Das Ding lächelte. »Mein Name.«

»Sag ihn!«

Der Schädel rang mit einem schiefen Lächeln. Schon nahmen die Züge wieder die Starrheit des Metalls an.

»Immer der Name!« schrie Dross. »Immer liegt Macht im Namen – es ist der älteste allen Aberglaubens. Sag den Namen, und du gibst die Macht weg.«

»Zeuner«, sagte das Ding hohl. »Zeuner. Captain und Diensthabender Kommandeur. Hier gestorben, vor tausend Jahren.«

»Zeuner?« fauchte Dross. »Einfach Zeuner?«

Das Ding lächelte noch einmal.

»Zeuner.«

Es fiel in die gräßlichen Überreste des Wiederbelebten.

»Zeuner!« sagte Wardle. »Sie haben es gehört, Doktor! Zeuner. Rufen wir das zentrale Kommandosystem! Sofort!«

»Augenblick, Brigadier«, sagte Dross. Nach einer langen Pause sprach er weiter. »Wir haben Männer hier kennengelernt: Knaggs, Danecki und jetzt Mr. Mondmann.«

Wardle fand die Zeitmessungscomputer und sprach mit ihnen. Er verlangte durch Zuruf Aufmerksamkeit und nannte den Namen des toten Kommandeurs.

»Sofort!« schloß er. »Gehorcht augenblicklich!«

Keine Antwort.

»Versuchen Sie es noch einmal«, sagte Dross.

»Ich bin Zeuner!« brüllte Wardle. »Diensthabender Kommandeur und Captain! Ich bin Captain Zeuner. Es ist jetzt zwei-komma-fünf-null-sechs-drei-acht-zwei-eins Sekunden, vier Minuten, null-fünf, Tag zwei-sieben-eins, Jahr drei-sechs-zwei-fünf.«

Minuten tickten vorbei.

Noch immer kam keine Antwort aus dem Fort.

Khalia spürte die eisige Bedrohung im Raum, das Gefühl bevorstehender Überwältigung, wie sie es vor dem Auftreten der drei Gerichtsroboter empfunden hatte.

Die Stimme, körperlos und laut, aus allen Richtungen dröhnend, klang fest, rauh und bösartig: »Nein! Nein! Menschen existieren nicht! Die Menschen sind alle tausend Jahre alt! Alle sind tot! Zeuner entspricht meinen Fähigkeitstests nicht! Er kann nicht wirksam funktionieren. Ich darf die Zerstörungssysteme nicht abschalten! Ich habe die Kontrolle!«

Dross ließ die Schultern hängen.

»Nichts«, sagte er. »Jetzt haben wir wirklich nichts mehr.«

»Es ist soweit«, bestätigte Wardle. »Die Maschinen sind die Herren.«

»Hilf mir«, flehte Jacobi Khalia an. Sie vermochte ihn nicht anzusehen.

Dross legte tröstend den Arm um sie.

Was blieb noch übrig, außer zu warten?

20

So fanden die Siedler sie.

Sie hatten sich zusammengedrängt, von den phosphoreszierenden Überresten Mr. Mondmanns entfernt, so weit es ging.

Dross hatte den Arm um Khalia gelegt. Wardle ging nicht mehr hin und her. Er saß am Boden, sein Kopf war auf die Brust gesunken. Jacobi hatte Zuflucht in unruhigem Schlaf gefunden.

Dross starrte die großen, schwarzen Türen an, als sie zur Seite glitten und den Blick auf die Rettungsmannschaft freigaben.

Es waren vier Männer und zwei Frauen.

Prächtig anzusehen mit seinem renovierten grün-bronzenen Körper, stand Batibasaga neben ihnen.

»Doktor Dross?« sagte der Anführer der Siedler.

»Ich bin Dross.«

Khalia hörte die Stimmen. Sie drehte den Kopf und sah die Neuankömmlinge. Einen Augenblick lang dachte sie, der Morgen sei gekommen und mit ihm das Erschießungskommando. Das Warten war für sie nur erträglich gewesen, weil sie immer wieder und unablässig an alles gedacht hatte, was Danecki zu ihr gesagt hatte.

»Meine Liebe«, sagte Dross, als er sich erhob, »denken Sie daran, daß Sie jetzt Ihr eigenes Leben leben müssen. Es ist überstanden.«

Es gab unzählige Fragen; die Schreie der Erleichterung, das dünne Freudengeheul Jacobis, die gemessenen Antworten des Mannes, der die Siedler anführte, die Erläuterungen des Roboters, die Trauer und flammende Erregung des Archäologen.

»Ruhm!« rief Dross. »Dross' Funde werden die Unwürdigen davon überzeugen, daß sich die Grabungen auf der Erde gelohnt haben. Wie wird man sich in der Galaktischen Zentrale winden!« Er unterbrach sich. »Kümmert euch um das Mädchen«, sagte er zu den Frauen. »Sie hat mehr gelitten als wir alle.« Er wies auf Jacobi. »Schafft ihn fort.« Sein Gesicht hellte sich auf. »Und jetzt erzählt! Wie kam alles?«

»Sie sollten Ihren Roboter fragen«, sagte der Anführer. »Wir haben nicht mehr getan, als Ratschläge zu geben. Wir wußten durch Mr. Knaggs von der Legende. Als das Schiff gestern explodierte, wußten wir, daß eine unzerstörte Anlage den uralten Krieg fortführte. Mr. Knaggs hätte uns gesagt, was wir tun sollten, deshalb gingen wir in die Ruinen oben. Wir sahen Anzeichen neuer Zerstörung und vermuteten, daß Sie im alten Fort gefangen sein mußten.« Der Mann machte eine Pause. »Wir sind nicht viele. Wir haben ein paar Fähigkeiten aus unserer Vergangenheit, aber keiner von uns kennt sich mit den Anlagen hier aus, und wir hielten Wache.«

Khalia weinte in den Armen einer älteren Frau leise vor sich hin. Sie lauschte ohne Interesse. Ein Leben war zu leben, hatte Dross gesagt. Wie sollte es jemals wieder sinnvoll sein?

»Mr. Knaggs ist tot«, sagte Dross und wies auf die Leiche.

»Ihr Roboter hat es uns gesagt. Er war ein Freund von uns.«

»Ein Kollege und ein echter Freund«, bestätigte Dross. »Batibasaga ist zu euch gekommen?«

»Ja. Er tat, was getan werden mußte, dann kam er zu uns, um Rat zu holen. Ihr Roboter wußte, daß wir mit Mr. Knaggs befreundet gewesen sind.«

»Nun, Batty?« sagte Dross. »Was hast du mit den anderen Robotern gemacht?«

Der Roboter trat an die Instumententafel. Die Sensoren sprangen in seine Hände. Der Bildschirm wurde hell. Die Stimme der Zentrale meldete sich.

»Diese Anlage erkennt deine überlegene Fähigkeit an! Du bist ein fortschrittlicherer Mechanismus als dieser! Deshalb mußt du die Kontrolle übernehmen.«

Batibasaga wandte sich an Dross.

»Darf ich es Ihnen zeigen, Sir? Es ist fast zu Ende. Und ich glaube, Sie werden verstehen, weshalb ich mich zuerst um die Kampfroboter kümmern mußte. Es war meine Entscheidung, Sir, aber denken Sie daran, daß ich von einem einfallsreichen Techniker programmiert worden bin.«

»Danecki«, sagte Wardle. »Danecki hat deine Schaltkreise verändert!«

»Ja, Sir? Ich habe keine Erinnerung daran. Ich war damals durch Molekularstörungen des Kreiselschachts behindert.« Auf dem Bildschirm zeigte sich die Oberfläche des Planeten. »Ich hoffe, ich habe es richtig gemacht, Sir. Ich mußte dafür sorgen, daß sie ihr Ziel erreichten.«

Im blassen Mondlicht brach die Schwarze Armee aus den Ruinen wie ein Urtier. Die Kampfroboter strömten durch den zermalmten Stützpunkt, zerfetzten skelettartige Türme und Strahlungswände. Sie zertraten ein paar dürre Bäume und Sträucher.

Die führende Phalanx zeigte Unentschlossenheit. Jeder einzelne schwarze Roboter schnupperte in der Luft, suchte nach einem lebenden Wesen; Hunderte von Antennen rotierten. Die Mondscheibe floh durch tiefhängende Wolken.

Die Armee wartete auf einen Befehl.

»In diesem Augenblick hatte ich etwas Schwierigkeiten«, sagte Batibasaga. »Ich war nicht ganz bei mir, bis ich das Kommando über die Armee übernahm. Die Wartungsroboter befaßten sich erst sehr spät mit mir und waren auch noch nicht fertig. Ich mußte schnell handeln. Ich war auf bestimmte Fälle programmiert mit einem beherrschenden Motiv, nämlich für die Sicherheit derer zu sorgen, die in der größten Gefahr schwebten.«

»So war Danecki«, sagte Dross.

»Und die Roboter mußten eliminiert werden«, murmelte Batibasaga. »Ich mußte für ihre völlige Vernichtung Sorge tragen. Doktor.«

»Gewiß«, sagte Dross. »Was sonst?«

Khalia begann zu begreifen. Danecki hatte doch recht gehabt. Der Weg, die Roboter unter Kontrolle zu bringen, bestand darin, ihnen einen überlegenen Automaten gegenüberzustellen. Auch Knaggs hatte vorausgesehen, daß die Maschinen Batibasaga gehorchen würden.

»Ich wurde völlig aktiv«, fuhr der Roboter fort. »Ich kannte den Plan der Kampfroboter. Sie sollten alles zerstören, was an menschlichem Leben noch zu finden war.«

»Unsere kleinen Siedlungen. Die Roboter hätten uns in der Dunkelheit gefunden«, sagte der Anführer der Siedler.

»Was ist denn aus der Armee nun wirklich geworden?« fragte Wardle.

Batibasaga hüstelte diskret.

»Wenn Sie zusehen wollen, Sir. Ich glaube, jeder Kommentar wird überflüssig sein. Ich habe die Armee auf ihrem programmierten Marsch begleitet.«

Es war ein Marsch über hundert Meilen Land und Meer.

Die Phalangen hielten sich streng ausgerichtet. Sie stürmten durch Wälder, hinweg über uralte, staubige Metropolen, über Gräber von Millionen aus den Irren Kriegen, über riesige Straßen aus Stahl und Stein, geradewegs über alles hinweg. Als sie zum Wasser kamen, erzeugten sie Kraftfelder, so daß sie über Teiche und Seen glitten.

Eine Stunde lang strömten sie über die Hügel und Täler von England. Stets nach Westen.

Batibasaga hielt die Aufzeichnung an.

»Die Schaltkreise sind vor über tausend Jahren programmiert worden«, sagte er entschuldigend zu Dross. »Ich mußte sie vorsichtshalber persönlich begleiten, Sir.«

Khalia verstand. Der Marsch hatte ihr Interesse geweckt.

Auch Wardle begriff. »Guter Gott! Batibasaga oder wie du heißt – du meinst, diese Roboter standen nicht unter deiner Kontrolle, du meinst, die Saboteure – vor so langer Zeit! Sie hatten Erfolg! Ausgeschlossen! Ich meine, kaum zu fassen!«

Dross lächelte.

»Legenden entstehen nicht aus dem Nichts, Brigadier! Eine Basis gibt es immer. Ich habe natürlich auch nicht gewußt, was mit der ›Grube‹ gemeint war. Aber es ist durchaus passend – genau das, was ich von den Kräften erhofft hatte, die die Konföderation und alles, wofür sie stand, überwältigt haben. Batty, zeig ihnen, wohin die Regimenter der Nacht marschiert sind.«

»Mit Vergnügen, Sir«, sagte Batibasaga.

Die Armee wurde schneller. Sie brach durch verkrüppelte Wälder, stürmte durch leuchtende Senken starker Strahlung, stets nach Westen. In der Kälte des Gebirges machte das Regentief klarem Wetter Platz. Sterne glitzerten am Himmel, und der Mond beleuchtete die dahinflutende Masse der Armee.

Die finsteren Phalangen spürten die Nähe des Ziels und wurden noch einmal schneller. In völliger Stille erreichten sie eine breite Flußmündung.

Khalia sah die Armee noch einmal stehenbleiben.

Batibasaga erschien an ihrer Spitze, ein kleiner, grünlicher Roboter im weißen Mondlicht. Er wies auf das wogende, schwarze Meer.

Die Armee glitt vorwärts, eine riesige Welle kalter Lava. Schwarzes Wasser begegnete dem Ansturm der Roboter. Sie wateten hinaus, und das Wasser schluckte sie.

»Gesunken, bei Gott!« sagte Wardle fassungslos.

In der Befehlszentrale geschahen mehrere Dinge gleichzeitig.

Der große Bildschirm zeigte den Untergang der Schwarzen Armee. Khalia konnte ihren Blick nicht davon lösen.

Das Schrillen der Zentrale beanspruchte aber ihre Aufmerksamkeit ebenfalls.

Und Dross zerrte an ihrem Arm und sagte immer wieder etwas, was sie nicht als Wahrheit akzeptieren konnte. Es war so unfaßlich, daß sie zu weinen begann. Warme, große Tränen rannen über ihr Gesicht. Die Frau bei ihr half ihr zu dem mittleren Korridor.

Immer noch blickte sie auf den Bildschirm, aber das Ende der Armee entging ihr.

»Der Diensthabende Kommandeur zeigt die Rückkehr zur Wirksamkeit«, stammelte die metallische Stimme. »Kommandeur Zeuner wird im Lazarett behandelt! Er ist tausend Jahre alt. Das System ist wieder verwirrt.«

Dross war der einzige, der sofort begriff.

»Batibasaga!« zischte er. »Klär das – es kann nicht Zeuner sein!«

Aber Khalia konnte ihn nicht hören.

»Spurlos untergegangen!« rief Wardle, der immer noch wie gebannt auf den Bildschirm blickte.

Sie hörte ihn, als die Frau sie bei den Schultern nahm und auf Dross' Anweisung wegführte.

»Vergewissert euch!« rief er. »Batibasaga hat beim Kommandosystem bereits nachgeprüft – im Lazarett liegt ein Schwerverwundeter – das Fort hält ihn für Zeuner, aber wir wissen, daß Zeuner tot ist. Batty glaubt, es sei Brigadier Wardle, warum, weiß ich nicht! Aber der Mann entspricht einer bestimmten Beschreibung! Vergewissert euch!«

»Und so war es von Anfang an geplant?« fragte der Anführer der Siedler.

»Genau«, sagte Dross. »Die Saboteure programmierten die Schwarze Armee um. Als sie marschierte, folgte sie dem neuen Weg. Sie marschierte geradewegs ins Meer. Da!«

Der Bildschirm zeigte den Sturz der Roboter ins Meer. Große Wellen schwappten ans Ufer. Die Monolithen bohrten sich in den Meeresgrund.

Nach einer Weile beruhigte sich die Oberfläche, die Dünung wurde ruhig.

»Wo – wo sind sie jetzt alle?« ächzte Wardle.

»In der Abfalltonne der Erde«, sagte Dross. »Das ist die vollkommene Ironie, Brigadier!«

Khalia kannte den Weg. Neben dem Harem lag das Lazarett.

Sie konnte die Tränen nicht zurückhalten, während sie durch den Korridor hastete.

Zeuner sollte schwach funktionieren! Und die Zentrale war verwirrt.

Batibasaga selbst war verwirrt, weil er den Brigadier für einen jungen Mann mit breiten Schultern und einer tiefen Wunde im Brustkorb hielt. Ein Lungenflügel war durchbohrt, das Herz so schwach, daß man an den Kontrollgeräten kaum etwas wahrnahm.

»Bitte gib, daß sie sich nicht irren!« schluchzte Khalia, als sie die Tür erreichte.

Die Frau neben ihr sagte etwas, aber Khalia hörte nicht hin. Sie trat ein. Über dem weißen Krankenbett hingen Geräte.

In die Gestalt unter der Decke wurden Flüssigkeiten gepumpt.

Khalia rannte.

»Unglaublich!« rief Wardle.

»Unvermeidlich«, widersprach Dross. »Wohin sonst? Wohin hätte man die Roboter sonst schicken können? Nicht auf die anderen Planeten – dort wären sie so gefährlich gewesen wie hier. Nein, Brigadier. Unsere Saboteure haben ganz logisch gedacht. Sie schickten die Roboter auf das ureigenste Fließband der Erde.«

Die Siedler lächelten.

»Ist das nicht nur eine Vermutung, eine Phantasie, die wir gesehen haben?«

»Nein.« Er wandte sich an den Roboter. »Was ist mit dem Mädchen?«

»Sie ist jetzt zufrieden«, sagte Batibasaga.

»Zufrieden – doch nicht – doch nicht – Danecki«, flüsterte Wardle.

»Zeuner. Danecki«, bestätigte Dross.

Wardle war sprachlos.

»Tektonische Senken«, sagte Dross in die Stille hinein. »Das war die Antwort. Man findet sie auf dem ganzen Planeten. Eine tiefe Rinne in der Erdkruste, wo es starke seismische Aktivität gibt. Viele Verwerfungen. Wie gesagt, eine Stelle, wo die Kruste dünn ist, mit niedriger Schwerkraft vereinen und die Abfälle hineinwerfen. Wenn sie genügend komprimiert werden, sinken sie – immer weiter. Unter die Kruste, in die Regionen, wo es am heißesten, wo der Druck am größten ist. So ist die Schwarze Armee beseitigt worden, Brigadier. Man hat sie behandelt wie Abfall.«

»Schwere Masse«, sagte einer der Siedler. »Programmiert, zum eigenen Müllplatz zu marschieren.«

»Was für eine Verschwendung«, seufzte Wardle. »Was für ein Fund! Was für ein Ende.«

Dross schlug ihm auf die Schulter.

»Gibt es hier nicht genug anderes zu sehen, Brigadier? Warum bleiben Sie nicht – an Mr. Knaggs' Stelle, wenn Sie wollen. Ja, warum bleiben Sie nicht?«

Wardle überlegte. »Ja. Warum eigentlich nicht?« »Und Danecki?« fragte der Anführer der Siedler. »Was wird mit Danecki?«

Er war bewußtlos. Sein Gesicht wirkte eingefallen. Die geschlossenen Augen lagen tief in den Höhlen. Die Nase war zu schmal für das Gesicht. Er atmete flach, aber regelmäßig. Blut tropfte in ihn hinein, Sauerstoff kam aus einem Schlauch.

Vom Bett sagte eine metallische Stimme: »Der Diensthabende Kommandeur ist tausend Jahre alt. Er spricht auf die Behandlung an. Ein sehr überlegener Roboter hat sich nach seinem Befinden erkundigt. Ich konnte melden, daß er eine siebenundneunzigprozentige Chance hat, zu überleben. Er ist nicht tot. Aber er ist tausend Jahre alt.«

»Das ist mir egal«, sagte Khalia.

Daneckis Lider öffneten sich.

Khalia dachte daran, wie schrecklich sie aussah.

Er versuchte zu flüstern.

»Nicht! Nicht sprechen.«

Sie sah die Spur eines Lächelns.

»Du bist schön«, sagte er mit erstaunlich kräftiger Stimme.

Khalia wurde von ihrer Liebe überflutet.

»Diese Blutrache stört mich«, sagte Wardle. »Danecki hat mir davon erzählt. Schlimme Geschichte! Der Junge wird ihm nie verzeihen – niemals! Haben Sie seine Augen gesehen, als er uns erklärte, er habe seine Mission erfüllt? Leer. Nichts zu sehen. Er hat keine Gefühle.«

»Danecki ist tot«, sagte Dross.

»Korrektur«, begann Batibassage.

»Unterbrich mich nicht! Paßt auf! Danecki *ist* tot. Wir setzen Jacobi in sein Schiff und schicken ihn zu seinem Planeten zurück. Das erledigst du, Batty.«

»Ja, Sir.«

»Für ihn ist die Sache erledigt.«

»Und dann?« fragte der Anführer der Siedler.

»Danecki könnte hier helfen«, meinte Wardle. »Zu tun gibt es genug.«

»Nein«, sagte Dross. »Wenn die Sache bekannt wird, blickt die ganze Galaxis auf uns. Wir werden uns vor Neugierigen nicht retten können. Und ich kann sie nicht fernhalten. Es wäre zu gefährlich für Danecki.«

Dross sah die Siedler an. Ihr Anführer lächelte.

»Bei uns ist er in Sicherheit. Mit seinem Mädchen.«

»Ich verlasse dich nie«, sagte Khalia zu dem bewußtlosen Danecki. »Wie könnte ich?«

»Batty«, sagte Dross. »Mr. Knaggs. Mr. Mondmann. Und die arme Frau. Wenn du etwas findest . . .«

»Ja, Sir. Ich dachte auf dem Hügel mit dem Blick auf die Ruinen.«

»Das wäre passend«, meinte Dross. Er schaute sich im Fort um. »Ich bin froh, wenn ich wieder Tageslicht sehe. Es war eine lange Nacht.«

ENDE

Goldmann SCIENCE FICTION

Lloyd Biggle
Spiralen aus dem Dunkel
Utopisch-technischer Abenteuerroman
208 Seiten. Band 096. DM 3.–

In den USA landet ein mysteriöses Flugobjekt – wie aus dem Nichts ... Vom Landungsplatz breiten sich in großen Spiralen Bahnen der Vernichtung und Zerstörung aus. Woher kam dieses geheimnisvolle, tödliche Flugobjekt? Aus den Tiefen des Weltraums? Oder etwa aus der Zukunft?

Arthur C. Clarke
Die letzte Generation
Utopisch-technischer Roman
192 Seiten. Band 070. DM 3.–

Gigantische Raumschiffe schweben über den größten Städten der Erde. Wer sind die Besucher aus dem Weltall? Sie nennen sich die ›Overlords‹ und bestimmen das Schicksal der Erde. Im Auftrag einer kosmischen Macht entführen sie die Kinder, um sie auf einem fernen Planeten für eine Gemeinschaftsaufgabe vorzubereiten.

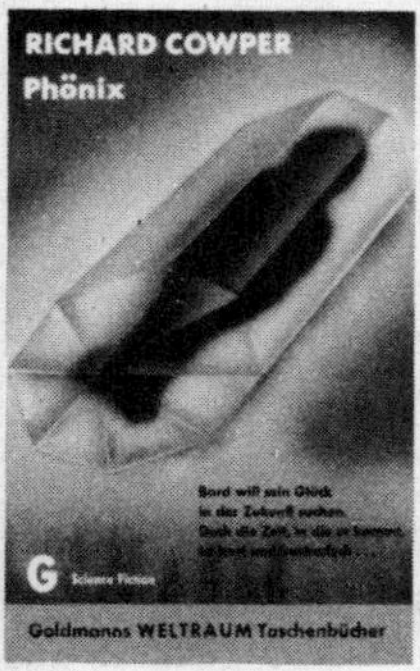

Richard Cowper
Phönix
Utopisch-technischer Abenteuerroman
160 Seiten. Band 099. DM 3.–

Können Menschen im Tiefschlaf Jahrhunderte überleben? Das Problem scheint für die Wissenschaft und Technik unserer Tage fast gelöst. – Der Roman berichtet von einem solchen Experiment. Nach einem todesähnlichen Schlaf im unterkühlten Zustand erwacht Bard Cecil in einer fremden, zukünftigen Welt voller Gefahren.

WILHELM GOLDMANN VERLAG MÜNCHEN

Goldmann Kriminalromane der Chef-Auswahl

Jan Klíma, Der Tod liebt Poesie

224 Seiten. Leinen DM 14.50

Der Journalist Michal Pavliček besucht das alte Grafenschloß Podlesí, um eine Gruppe tschechischer Physiker zu interviewen. Zu den Wissenschaftlern gehört auch Dr. Lamač, dem die Entdeckung eines neuen Elementarteilchens gelungen ist. Am nächsten Morgen ist Dr. Lamač tot. Es scheint, daß er in selbstmörderischer Absicht aus dem Fenster gesprungen ist. Doch dann entdeckt man neben dem Toten verdächtige Fußspuren und ein Blatt Papier mit merkwürdigen physikalischen Zeichen. Nun ist man nicht mehr so sicher, daß Lamač sich das Leben genommen hat ...

Nicholas Blake, Der Morgen nach dem Tod

208 Seiten. Leinen DM 14.50

Mord in der amerikanischen Universität Cabot ... Bei der traditionellen geheimnisvollen Schatzsuche, einer Mutprobe für Neulinge, macht der Student Dennis Goach eine entsetzliche Entdeckung: In einem Schrank, in dem er den Schatz wähnt, findet er einen Toten – den Altphilologen Josiah Ahlberg. Privatdetektiv Nigel Strangeways, der als Gast in Cabot weilt, findet ein geradezu klassisches Problem vor, an dem sich seine Neugier entzündet und das seinen Scharfsinn auf die Probe stellt.

Der Westdeutsche Rundfunk, Köln, über ›Goldmann Kriminalromane der Chef-Auswahl‹: »... man darf sie, ohne sich zu blamieren, in Weihnachtspapier hüllen und verschenken.«

WILHELM GOLDMANN VERLAG MÜNCHEN

Verehrter Leser,
senden Sie bitte diese Karte ausgefüllt an den Verlag. Sie erhalten kostenlos unsere Verlagsverzeichnisse zugestellt.

WILHELM GOLDMANN VERLAG · 8 MÜNCHEN 80

Bitte hier abschneiden

Diese Karte entnahm ich dem Buch

Kritik + Anregungen

Ich wünsche die kostenlose und unverbindliche Zusendung des Verlagskataloges und laufende Unterrichtung über die Neuerscheinungen des Wilhelm Goldmann Verlages.

Name

Beruf Ort

Straße

Ich empfehle, den Katalog auch an die nachstehende Adresse zu senden:

Name

Beruf Ort

Straße

Goldmann Taschenbücher sind mit über 3200 Titeln (Frühjahr 1972) die größte deutsche Taschenbuchreihe. Jeden Monat etwa 25 Neuerscheinungen. Gesamtauflage über 125 Millionen.

Aus dem WILHELM GOLDMANN VERLAG
8 München 80, Postfach 80 07 09 bestelle ich
durch die Buchhandlung

Anzahl	Titel bzw. Band-Nr.	Preis

Datum: Unterschrift:

4020 · 7024 · 3.000

Bitte mit Postkarten-Porto frankieren.

Wilhelm Goldmann Verlag

8000 MÜNCHEN 80

Postfach 80 07 09